영화와 드라마에서 배우는 중용의 리더십

영화와 드라마에서 배우는 중용의 리더십

펴낸날 초판 1쇄 2024년 3월 15일

지은이 이국섭
펴낸이 서용순
펴낸곳 이지출판

출판등록 1997년 9월 10일
등록번호 제300-2005-156호
주소 03131 서울시 종로구 율곡로6길 36 월드오피스텔 903호
대표전화 02-743-7661   **팩스** 02-743-7621
이메일 easy7661@naver.com
디자인 김민정
인쇄 ICAN
물류 (주)비앤북스

값 17,500원

ISBN 979-11-5555-214-8   03320

영화와
드라마에서
배우는

이국섭 지음

중용의 리더십

이지출판

하늘이 사람에게 준 것을 본성이라 하고,
본성을 따르는 것을 도(道)라 하고,
도를 닦는 것은 교(敎), 즉 가르침이라 한다.
무엇이든 원하는 것이 있다면 정성을 다하라.
그리하면 이루어진다.

영화 '역린'에서

예전과는 완전히 다른 세상을 살아가는 우리. 넘치는 미디어의 홍수 속에서 이를 잘 활용하여 리더십에 대한 올바른 이해와 통찰력에 대해 배워 보고자 한다.

우리는 근원적인 것을 알아야 이를 매개로 다양한 툴을 활용할 수 있으며, 보다 발전적인 형태로 나아갈 수 있다. 따라서 매개로 활용되고 있는 다양한 툴을 한 차원 높은 방식으로 활용하고자 새로운 시각의 솔루션을 제안해 본다. 즉 원초적 근원에 대한 성찰과 함께 미디어와의 융합을 통해 발전을 거듭해 온 리더십에 대해 다시 생각해 보자는 것이다.

리더십의 바탕에는 사람과 사람의 상호작용이 가장 근본적인 출발점이다. 이 출발점은 리더가 가져야 할 신념을 스스로 내재화할 때 가능하다. 그리고 그 신념을 바탕으로 조직의 비전이 어떻게 생성되고, 그 본질은 무엇이며, 그 저변에 흐르는 철학이 어떻게 발현되어 경영 활동을 포함한 일상생활에서 어떻게 실현되고 있는지 알고 있어야 한다. 그 사례들을 살펴보면서 현재 드러난 문제뿐만 아니라 미래에 닥쳐올 문제까지 어떤 리더십을 발휘하여 극복해 나가야 할지 방안을 세워 두어야 한다.

리더십의 본질에 대해서는 《사서삼경(四書三經)》의 하나이며 인문학의 영역에서 중요한 위치를 차지하는 《중용(中庸)》이라는 책을 통해 살펴볼 것이다. 그리고 21세기 들어 더욱 활발하게 영향력을 키워 나가고 있는 미디어 영역에서, 특히 영화와 드라마를 고찰해 보는 방식을 취하고, 이에 대비할 수 있는 경영학의 성공적인 사례들을 살펴보려고 한다. 이를 통해 리더십을 이루는 여러 구성 요소와 요소 간의 관계 및 구조화는 어떻게 되어 있으며, 그 구조의 핵심 요체는 무엇을 통해 해결책을 제시하고 있는지 알아보고자 한다.

경영학에서 경영 전략은 모든 것의 시작점이다. 그 출발선에서 필요한 동력은 몇 가지가 있다. 첫째가 리더십이다. 이 리더십의 발현은 조직은 물론 조직문화 안에서 큰 영향력을 행사하여 개선이라는 변화를 이끄는 추진 동력이 되어야 한다. 그래서 리더를 꿈꾸는 사람이라면 이에 대한 관심도를 높여야 하고, 이러한 관심을 구체화하는 방안으로 필자가 주장하는 'N차 관람'을 권하고 싶다.

세상은 하루하루 달라지고 있고, 쉽 없이 달려가는 과학기술이 우리를 어디로 이끌어 갈지 상상조차 하기 어렵다. 공간과 시간을 넘어 저 멀리 우주는 물론, 가상의 공간에서도 새로운 세상을 창조해 내고 있다. 그리고 지식과 정보는 다양한 기술과 방법을 통해 우리 생활의 내밀한 곳까지 풀어내고 있다. 그 속의 대표적인 콘텐츠 중에 영화와 드라마를 활용하여 보여지는 장면 이면의 메시지는 물론이고, 다양한 장면 속 대사를 통해 얻을 수 있는 리더십을 살펴보는 것도 필요하다고 생각한다.

우리는 시간이 한 방향으로 흐르고 있다는 것을 알고 있다. 현재를 살고 있는 우리는 과거를 반추하여 계승과 반성을 동시에 이루어 현재를 이끌어가고 있다. 또한 이러한 현재로의 이끎은 미래를 향한 작은 발걸음이 된다는 것도 잘 알고 있다. 따라서 보다 올바른 리더십에 대한 다양한 시각을 생각해 볼 수 있는 걸음을 내딛고자 한다.

차례

영화와
　　드라마에서
　　배우는
중용의 리더십

01

인문학적 관점에서 본 리더십

하늘이 사람에게 준 것을 본성이라 하고, 본성을 따르는 것을
도(道)라 하고, 도를 닦는 것은 교(敎), 즉 가르침이라 한다. 무
엇이든 원하는 것이 있다면 정성을 다하라. 그리하면 이루어진
다. _영화 '역린'에서

현재 우리 사회는 급속한 발전과 함께 그에 따른 부작용들도
같이 경험하고 있다. 정치·경제·사회·문화 등의 문제뿐만 아니
라 유전공학의 발전과 함께 제기된 생명윤리의 문제, 컴퓨터의
발전과 함께 제기된 정보통신의 윤리적 문제, 해체 위기에 놓인
가족 문제들이 우리를 짓누르고 있다. 그래서 이를 돌파할 수
있는 지혜와 리더십을 찾고자 하는 것은 당연하다.
　리더십의 바탕에는 인간에 대한 상호작용이 가장 근본적인

출발점이다. 이 출발점은 리더가 가져야 할 신념을 자신에게 내재화할 때 가능하다. 그리고 그 신념을 바탕으로 조직의 비전이 어떻게 생성되고, 그 본질은 무엇이며, 그 저변에 흐르는 철학이 어떻게 발현되어 경영 활동을 포함한 우리의 일상생활에서 어떻게 실현되고 있는지 알고 있어야 한다.

따라서 그 사례들을 잘 살펴, 현재 드러난 문제뿐만 아니라 앞으로 닥쳐올 문제까지 어떤 리더십을 발휘하여 극복해 나가야 할지 방안을 세워 두어야만 한다.

조직 혹은 무리 또는 사회라는 공동체 속에서 성과를 도출해 내고, 성공을 좌우하는 요소들에 대한 연구의 일환으로 미디어가 주는 파괴력과 본질에 대한 줄기를 기둥으로, 서로 컨실리언스(통섭, consiliences, 融合)*를 통해 리더십에 대한 바른 성찰로 이끄는 시각을 다시 한 번 되돌아보는 기회를 갖고자 한다.

리더십의 본질에 대해서는 《사서삼경(四書三經)》의 하나이며 인문학 영역에서 중요한 위치를 차지하고 있는 《중용(中庸)》을 통해

---

* 컨실리언스(Consilience, 통섭)는 '지식의 통합'이라고 부르기도 하며 자연과학과 인문학을 연결하고자 하는 통합 학문 이론이다. 이러한 생각은 우주의 본질적 질서를 논리적 성찰을 통해 이해하고자 하는 고대 그리스 사상에 뿌리를 두고 있다. 1840년 윌리엄 휘웰이 《귀납적 과학》이라는 책에서 'Consilience'란 말을 처음 사용했는데, 설명의 공통기반을 만들기 위해 분야를 가로지르는 사실들과 사실에 기반한 이론을 연결함으로써 지식을 통합하는 것을 뜻한다.

살펴볼 것이다. 그리고 21세기 들어 더욱 활발하게 영향력을 키워 가고 있는 미디어 영역에서, 특히 영화와 드라마를 고찰해 보는 방식을 취하고, 이에 대비할 수 있는 경영학의 성공적인 사례들을 살펴보려고 한다. 이를 통해 리더십을 이루는 여러 구성 요소들의 관계와 그 구조의 핵심 요체는 무엇을 통해 해결책을 제시하고 있는지 알아보고자 한다.

　오늘날의 '리더십'은 한마디로 정의하기가 쉽지 않다. 다만 일반적으로 말하면 리더십이란 조직체를 이끌어 나가는 지도자의 역량, 즉 단체의 지도자로서 그 단체가 지니고 있는 힘을 맘껏 발휘하고 구성원의 화합과 단결을 이끌어 낼 수 있는 지도자의 자질을 말한다. 따라서 지도자가 갖춰야 할 정신(精神)과 자세(姿勢), 덕목(德目) 등은 설명이 필요하지 않을 만큼 중요하다.

　그중에서 가장 중심적인 축의 변화는 '나를 따르라(Follow me)'에서 '함께 가자(Let's go together)'일 것이다. 그리고 권위 있는 리더십 학자 중 한 분인 제임스 맥그리거 번스(James MacGregor Burns, 1971년 퓰리처상 수상)는, 리더십이란 "지도자와 추종자들이 모두 공유하는 가치와 동기, 즉 욕망과 요구, 소망과 기대 등을 충족시킬 목적을 위해 행동하도록 지도자가 유도하는 것"이라고 정의했다.

　또한 논어에서는 이상적인 지도자의 유형을 유(儒), 군자(君子), 인인(仁人), 사(士), 지사(志士), 의사(義士), 성인(聖人), 현인(賢人), 성인

(成人) 등으로 표현했다.

이와 같이 리더십은 관념화된 이상 속에서만 존재하는 것이 아니고, 지금 발을 딛고 있는 세상에서 리더가 되고자 하는 사람이라면 반드시 익히고 터득하고 실천할 수 있는 핵심 요체와 그에 대한 지혜를 정리해 놓은 《중용》을 통해 리더십의 요체들을 찾아볼 필요가 있다.

1) 리더십의 본질과 핵심 요체

《중용(中庸)》은 대학(大學), 논어(論語), 맹자(孟子)와 함께 사서(四書) 중의 하나로, 중국 송나라 때 주희(朱熹)가 예기(禮記) 49편 중에서 대학(大學)과 중용(中庸)을 따로 떼어 논어, 맹자와 함께 사서라고 명명하였다. 이후 사서는 유교의 근본 경전으로 우리의 사상 체계에 큰 영향을 주었다.

《중용》은 예기에 포함되어 있었지만 일찍이 학자들의 주목을 받아왔으며, 한나라 이후에는 주해서가 나오고 그 뒤에 송나라 주희가 33편으로 다듬어 동양 고전 중의 고전으로 자리잡았다.

《중용》을 지은 사람에 대해서는 의견이 분분하지만, 사기(史記)의 공자세가(孔子世家)에 "백어(伯魚)가 급(伋)을 낳으니 그가 자사(子思)였다. 나이 62세에 송나라에서 어려움을 겪으면서 중용을 지었다"라는 대목으로 보아, 공자의 손자인 자사의 저작으로 알려져 왔지만, 청나라 때부터 고증학이 등장해 다양한 연구가 이루어지면서 저자에 대한 의견이 분분하다.

《중용》은 유교 철학 개론서라 일컬어지는 만큼 유교 철학의 출발점과 함께 지향점을 제시하고 있다. 다만 리더십과 관련하여 주목되는 것은 "사람이 사람답게 삶을 누리자면 끊임없이 배워야 하고, 그 배움에는 길, 곧 도(道)가 있고, 길은 바로 본성에 바탕을 두고 있으며, 본성은 태어나면서 저절로 갖추어진 것"이라는 부분이다.

그 이유는, 리더십의 어원부터 살펴보면 '리더십(leadership)'은 '이끌다'(lead)+'사람'(er, 안내하는 사람 혹은 앞서서 자기 힘으로 끌어가는)에 상태나 성질, 지위, 능력 등을 나타내는 접미어 'ship'이 합쳐져, "가야 할 방향과 그 방향을 가고자 하는 무리를 이끌고 안내하는 지위 혹은 능력"이라는 뜻이다. 여기서 《중용》이 제시하는 부분과 같다는 것을 볼 수 있다.

《중용》은 33편으로 되어 있고, 내용은 전반부와 후반부로 나누어 설명할 수 있다. 전반부는 중용 또는 중화사상(中和思想)을 말하고, 후반부는 성(誠)에 대해 설명하고 있다. 한편, 리더십과 직접 연관되는 부분은 후반부인 20편 애공문정(哀公問政)편에서 찾아볼 수 있다. 이는 이 책에서 주장하고 있는 리더십의 핵심 요체와 비교를 통해 그 가치가 더욱 드러날 것이다.

'중(中)'이란 한쪽으로 치우치지 않고 기울어지지 않으며, 지나침도 미치지 못함도 없는 것(不偏不倚 無過不及, 불편불기 무과불급)을 일컫는다. 그리고 '용(庸)'이란 떳떳함(平常)을 뜻한다. 또한 정자

(程子)는 기울어지지 않는 것(不偏, 불편)을 '중(中)'이라 하고, 바뀌지 않는 것(不易, 불역)을 '용(庸)'이라 하였다.

'중용'은 군자의 자기성찰에 대한 태도를 강조하는 것에서 시작되었다. 잘못과 실수를 저질렀을 때 맨 먼저 자신을 돌아보는 것이다. 그러므로 공자는 이러한 반성의 자세를 활 쏘는 것에 비유하여 다음과 같이 언급하였다.

"활 쏘는 데는 군자가 해야 할 일과 흡사한 것이 있다. 궁사가 과녁을 맞히지 못했을 때 그는 반드시 돌이켜 자신에게서 잘못의 이유를 찾는다(射有似乎君子 失諸正鵠 反求諸其身)."

한편, '중용'은 개인적으로는 자기 실현을 위한 실용적인 규범으로, 집단과 국가적으로는 갈등을 조절하는 정치적 인식 방법의 역할을 해 왔다. 갈등관계에서 주관적인 편견을 없애고 자신의 입장과 상대방의 입장에 서서 생각하는, 즉 충서(忠恕)에 입각한 사유(思惟)는 양극의 중간에 있는 다양한 가능성에 착안한 배합적(Configurative) 사고라고 볼 수 있다.

'중용'은 일상생활이나 정치적 상황에서 동태적 균형 역할을 하기도 하며, 때로는 창조적 절충으로, 때로는 건설적 타협으로의 기능이 가능하다. 이것은 자신을 성찰하는 인간적 성숙과 더불어 고난도의 지성(知性)을 바탕으로 한 정치문화의 표현으로 보아도 무방하며, 경영 활동을 하는 경영자들에게도 적용이 가능하다고 본다.

공자는 자신은 일이 닥치기 전에 어떠한 선입관도 갖지 않는

다고 말했다. 그것은 사실 '중(中)'을 표출하는 방법으로, 자기성찰을 통해 자신을 객관화하고, 동시에 타인에게는 자신을 미루어 배려해 나감으로써 극단을 벗어나 적절한 합의점을 찾아 나가는 과정을 말한 것이다.

순(舜)임금이 양극단을 버리고 가운데를 잡는 것에 대해 공자는 다음과 같이 찬양하였다. 앞에서 언급한 설명들이 더욱 더 명확해짐을 알 수 있다.

"공자가 말했다. 순(舜)은 크게 지혜로운 자다! 순임금은 묻기를 좋아하고 평소에 일상적인 말일지라도 꼼꼼히 살피기를 좋아한다. 나쁜 것을 숨기고 착한 것을 드러낸다. 그 양쪽 끝을 잡아서 그 가운데를 백성에게 쓰니, 이것이 바로 순이 비로소 임금이 될 수 있었던 까닭이다(子曰 : 舜其大知也與 舜好問而好察邇言 隱惡而揚善 執其兩端 用其中於民 其斯以爲舜乎)."

여기서 '그 양쪽 끝을 잡아서 그 가운데를 백성에게 쓴다'는 말이 바로 '중용(中庸)과 중화(中和)의 도이며 백성들에게 베푼다'는 말과 같은 것이다.

바로 이 점에서 공자의 리더십은 늘 공동체와 연결되어 있고, 자기성찰을 통해 관계를 재정립해 나아가는 자아의 이상을 보여 준다. 따라서 중용은 공동체에 존재하는 다양한 개체들이 서로의 입장을 고려하여 의사소통하고 통합을 이루기 위해 필요한 정치적·사회적·경영학적 리더십의 원리라고 볼 수 있다.

미국 국립항공우주국 나사(NASA)는 세계 최고의 인재들이 모여 우주를 향한 인간의 다양한 호기심과 탐험심을 구체화시키는 곳이다. 또한 그에 대한 노력을 멈춘 적이 없는 곳이다. 이렇게 최고 인재들이 최고 프로젝트들을 진행하는 경우에는 반드시 기본으로 삼는 것이 있다. 그것은 '잘 계획하기'와 '잘 실행하기'라는 방안을 가지고 해당 프로젝트에 접근한다.

리더를 꿈꾸는 사람이라면, 혹은 리더의 자리를 잘 지켜 나가고자 하는 사람이라면 반드시 새겨야 할 대목이다.

이 '잘 계획하기'와 '잘 실행하기'는 우리가 어떤 형태로 어떤 목표를 향해 가더라도 가장 기본으로 삼아야 할 금과옥조(金科玉條)다. 그리고 이를 실행하기 위한 대응책 중 하나로 《중용》이라는 인문학의 최정점에 있는 고전의 지혜를 가지고 접근해야 한다고 생각한다.

즉 변화의 어젠다(agenda)를 설정하거나 포착하는 것도 리더의 몫이기에, 스스로 부단한 자기혁신을 중심 테마로 삼아야 하고, 이를 가능하게 하는 단초로 《중용》을 활용할 것을 강력하게 권한다. 따라서 리더십에 대한 다양한 관점의 연구와 다양한 시각에서의 리더십을 배양하기 위해 기본 요체들에 대한 연구 속에서 리더십에 대해 정의해 보면 다음과 같다.

"리더십이란 집단의 목표나 내부 구조를 유지하기 위해 구성원이 자발적으로 집단활동에 참여하여 이를 달성하도록 유도하는 능력이다."

결국 《중용》의 애공문정(哀公問政)편에서 보여 주는 리더십에 대한 다양한 지혜들은 우리가 지향해야 할 리더십에 대한 근간들을 명확하게 보여 준다. 이러한 명확함은 다양한 융합을 일으키는 여러 요소들의 실질적인 중추로써 그 기준을 제공하는 데 부족함이 없다.

다만 중화사상은 중용을 철학적 표현으로 달리 말한 것으로 볼 수 있으므로, 필자가 다양한 경영학적 사례들을 살펴보는 과정에서 드러날 것이다. 더불어 핵심 요체들에 대한 체화(體化)를 이끌어 내는 것을 큰 흐름의 줄기로 삼아 풀어내려고 한다.

2) 《중용》에서 보여 주는 리더십의 지혜

리더가 갖추어야 할 리더십의 핵심 요체를 《중용》에서는 애공문정편에 있는 '박학지(博學之), 심문지(審問之), 신사지(愼思之), 명변지(明辨之), 독행지(篤行之)'로 분명하게 알려 주고 있다. 결국 리더는 리더로서 마땅히 처신해야 할 리더십의 요체를 지녀야 하고, 궁극적으로는 목표에 대한 실천성(實踐性, execute)을 중시하는 것이 중요한 것이다.

필자는 박사학위 논문을 준비하면서 《중용》에서 보여 주는 리더십의 핵심 요체들을 다양하게 연구한 경험이 있다. 그때 중용에서의 리더십에 대한 핵심 요체들을 다음 그림과 같이 정리해 보았다.

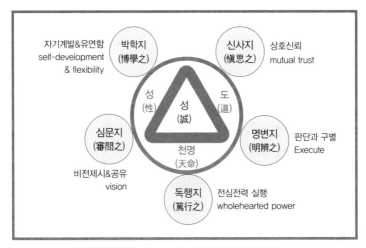

《중용(中庸)》에서 강조하는 리더십의 핵심 요체들

리더십의 첫 번째 단계에서는 박학지(博學之)의 자세로 학(學)에 주목할 필요가 있다. 즉 배움이라는 행위를 통해 리더 스스로 자기계발에 매진하고, 열린 자세를 지녀야 하며, 모든 사람들이 공감할 수 있는 유연함에 대해 강조하고 있다. 따라서 리더십의 첫 걸음이라고 볼 수 있는 핵심 요체는 자기계발과 열린 자세를 지닌 유연성이라고 정의할 수 있다.

두 번째 단계는 리더십을 완성하는 데 있어서 심문지(審問之)의 자세로, 문(問)에 주목해야 한다. 이는 끊임없이 자기수양에 따른 근원적인 신념을 정립하고 깨우침을 위한 물음을 통해 얻게 되는 것이다. 곧 나아가야 할 방향에 대한 목적 의식과 조직을 이끌기 위한 신념의 내재화를 이루어야 함을 알려 주는 것이다. 이를 필자는 '나아갈 방향 혹은 목표 및 신념의 내재화'라고 보았다.

세 번째 단계는 리더십을 완성하는 데 있어서 신사지(愼思之)의 자세를 꼽는다. 여기서는 신(愼)과 사(思)를 주목하여야 한다. 신(愼)은 신독(愼獨), 즉 '군자는 반드시 홀로 있을 때도 삼가는 것'으로 스스로 성실할 것을 강조하는 것으로 보면 된다. 그리고 사(思)는 생각이라는 마음의 밭에서 인간은 온갖 작물을 기르고 거두는 행위를 말한다. 따라서 신사지의 자세는 사람 혹은 자신을 둘러싼 주변의 신뢰를 확보하기 위한 자세를 스스로 구축하여야 하고, 더욱 성숙해지려면 통찰력을 갖추어야 한다는 것이다.

리더로서 조직 혹은 무리를 리드해 나가려면 신뢰를 바탕으로 한 관계를 설정해야 하는데, 먼저 열린 자세와 솔선수범하는 실제적인 행동이 있어야 한다. 이는 본연의 자연스러운 자세와 태도로 주변 사람들을 평가하고 교육해서 발탁해야 하고, 이를 행할 수 있는 통찰력을 갖추어야 한다.

네 번째 단계는 리더십을 완성하는 데 있어서 리더로서의 신념과 이를 내재화하기 위한 자기수양을 통해 확보한 통찰력을 갖추고, 관계를 설정할 때 신뢰를 바탕으로 명변지(明辨之)를 행하는 자세로 정확하게 판단해야 한다. 이는 모든 사고와 행동을 통해 조직원들에게 목표의 방향을 인지하게 하고, 목표를 달성하기 위해 조직 전체가 시너지를 낼 수 있도록 올바른 판단 하에 환경을 구축하고 조직원들과 함께하는 힘을 갖추어야 한다는 것이다.

다섯 번째 단계는 이렇게 모든 여건을 확보한 힘을 응축하여 완성이라는 성취를 이뤄 내기 위해 독행지(篤行之)의 자세가 필요하다. 그래서 특히 행(行)을 주목하여야 한다. 즉 리더는 전심전력으로 실행해야 한다. 리더는 리더십 역량을 발휘한 모든 핵심 요체들을 현실 속에서 드러내고 이뤄 내는 역량을 보여 주어야 하는 것이다.

이제 《중용(中庸)》에서 알려 주는 리더십에 대한 핵심 요체를 규정해 보자.

먼저 자기수양을 통한 신념을 내재화하고 자기계발을 통한 통찰력을 확보하여 관계 설정에 있어서 신뢰를 구축하고, 올바른 평가로 인재를 발굴하여 함께 목표를 향해 노력하는 추진력을 지녀야 한다.

《중용》에서 강조하는 중심 내용은 천명(天命), 성(性), 도(道) 등을 중심으로 리더십에 대한 정의와 실현 가능한 요체와 사람과의 상호작용 속에서 방향과 목적이 조화를 이루는 것이다. 결국

《중용》은 리더십이라는 시대적 소명에 대한 근원과 다양함, 그리고 이들에 대한 조화를 이룰 수 있는 근원적 지혜를 보여 주고 있다.

즉 천명(天命)과 성(性)과 도(道)를 리더십에 대한 근원적인 출발점으로 하고 종국에는 성(誠)을 이뤄 낸 것으로, 모든 출발점과 귀결점을 성(誠)으로 행할 것을 주문하고 있다. 더불어 '중용'에서 리더십에 대한 핵심 요체를 추출하여 리더십의 종착역을 보여 주고 있다. 이와 같은 내용을 간략하게 구조화하면 이렇게 나타낼 수 있다.

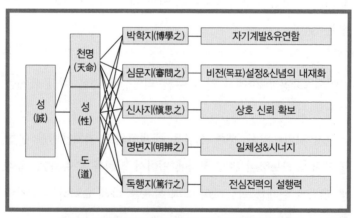

《중용(中庸)》의 리더십 핵심 요체에서 체득이 필요한 덕목들

3) 리더십의 발현으로 퍼펙트 스톰을 일으킨 사람들

우리는 무엇인가를 발현하려면 그에 대한 본체를 갖고 있거나 적어도 본체에 대한 이해를 해야만 가능하다. 따라서 리더십이 발현되려면 준비 단계로 리더십에 대한 자기계발이 있어야 한다. 그 대표적인 수단으로 독서를 생각할 수 있다. 그러나 지금 미디어의 홍수 속에서 미디어가 과거의 독서 역할을 수행할 수 있는지 살펴봐야 한다. 즉 미디어를 통한 리더십의 계발이 가능한지 여부를 판단해야 한다.

그러나 이에 앞서 리더십의 파괴력에 대해 알아보자. 퍼펙트 스톰(Perfect Storm)을 가져올 만한 변화의 단초와 동력이 과연 리더십의 발현인가에 대한 부분부터 살펴봐야 할 것이다. 즉 독서를 통한 리더십 계발 사례로 에이브러햄 링컨에 대해 살펴보겠다.

링컨은 미국 역사와 정치를 논할 때 빠지지 않는 인물로, 미국에서 가장 존경받는 대통령 세 사람 중 한 명이다. 두 사람은 국부로 추앙받고 있는 조지 워싱턴과 2차 세계대전을 승리로 이끌고 팍스 아메리카나(Pax Americana)를 설계한 프랭클린 루스벨트 대통령이다. 그런데 이들은 임기 중에 시대적 한계와 맞물려 높은 평가를 받은 측면도 있다. 하지만 링컨 대통령은 정치적으로 매우 불리한 위치에 있었으나 이를 잘 극복하고 주어진 상황과는 무관하게 상황을 새롭게 창조해 나간 인물이다.

그는 어릴 때 성경을 통해 가장 먼저 그리고 가장 깊이 영향을 받은 것으로 유명하다. 그의 어머니는 늘 성경 속 이야기와 성경 구절을 들려주었고, 이로 인해 링컨은 성경에 제시된 도덕법에 관한 항목을 내재화할 수 있었다.

링컨은 사랑하는 어머니가 세상을 떠나자 그 외로운 시간을 자신에게 큰 위안을 준 성경을 읽으며 지혜를 익혀 나갔다. 성경은 링컨의 인생에서 리더십과 연계시킬 수 있는 네 권 중 첫 번째 책이다.

두 번째 책은 《천로역정(天路歷程, Pilgrim Progress)》이다. 이 책은 17세기 영국 작가이자 침례교 설교가인 존 번연(John Bunyan)의 작품 중 하나다. 이 책에 등장하는 인물 이름은 수다쟁이, 게으름, 허영, 그리스도인 등으로 우화 형식의 종교 소설이다. 그리스도인이 멸망을 앞둔 장망성(장차 망할 성)을 떠나 하늘나라를 향해 여행하는 내용으로, 1부는 그리스도인의 모험, 2부는 아내 크리스티아나와 자녀들의 모험이 담겨 있다.

세 번째 책은 조국에 대한 사랑과 충성심을 일깨워 준 《워싱턴의 생애》이고, 네 번째 책은 재치와 유머를 알게 해 준 《이솝우화》다. 링컨은 이 네 권의 책을 통해 리더십을 계발하게 되었으며, 그의 리더십에 지대한 영향을 끼쳤다.

특히 리더십에 있어서 신념이라는 영역에 막대한 영향을 준 것으로 보이는 《워싱턴 전기》를 구하게 된 에피소드가 알려져 있다. 링컨은 멀리 떨어진 곳에 사는 크로포드라는 사람에게 이 책을 빌렸으나, 창문 곁에 놓고 잠이 든 동안 폭풍이 불어 책표지가 젖어 버렸다. 어린 링컨은 책값을 지불하기 위해 사흘 동안 일을 해서 그 책을 손에 넣을 수 있었다.

그리고 링컨이 열한 살 때 아버지 토마스 링컨이 재혼을 했는데, 그때 새어머니가 가져온 세 권의 책, 즉 《웹스터사전》, 《로빈슨 크루소》, 《아라비안 나이트》도 그의 인생에 큰 영향을 주었다. 링컨은 이 책들을 온전히 자기 것으로 만들 때까지 읽고 또 읽었다. 이러한 그의 독서 습관은 벤자민 프랭클린의 전기와 미국의 역사책으로도 이어졌다.

이러한 배경을 통해 링컨은 스물세 살에 일리노이 주의회 의원으로 공직사회에 진출했다. 바로 독서를 통해 체득한 정직함과 공정을 트레이드 마크로 사람들에게 어필한 것이다. 그는 어린 나이에도 뉴 살렘 토론회에 초대 연사로 참가해 리더의 모습을 보여 주었으나, 공개연설을 하면서 자신의 실력이 부족함을 깨닫고 더욱 열심히 공부했다. 두 번째 주의회 선거에서 낙선하고 다음에 다시 당선된 후에도 우편물 배달을 하면서 법률 공부를 하여 마침내 변호사가 되었다.

그의 독서는 변호사로 일하면서도 계속되었다. 그리고 1837년 유명한 변호사이자 정치가였던 피터 에이커스의 설교를 듣게 되었는데, 노예제도 중단과 내전에 관한 설교는 링컨에게 매우 큰 충격을 주었다. 이 충격은 링컨을 더욱더 공부에 몰두하는 계기를 제공했다. 다른 변호사들은 재판이 끝나면 선술집에 모여서 잡담을 했지만, 링컨은 자기 방으로 돌아와 밤늦도록 독서를 했던 것이다.

링컨은 유능한 변호사로 명성을 쌓아 가면서 존경을 받게 되었지만 자만하지 않고 쉼 없이 독서에 힘을 기울였다. 끊임없는 자기계발과 독서를 통해 늘 노력해 온 그는 평생 이러한 습관을 유지하며 리더십에 대한 내재화를 완벽하게 이뤄 냈다. 대통령이 된 뒤에도 독서를 통해 '정의'와 '진정 중요한 것이 무엇인가'를 성찰하였다.

이는 결국 '노예해방'이라는 인류사의 큰 족적으로 남게 되었다. 바로 독서를 통해 리더십을 계발하고 이로 말미암아 거대한 퍼펙트 스톰을 발현한 것이다. 친구에게 "이 책을 잡아보게! 그러면 자네는 더 나은 사람으로 살다가 죽을 걸세!"라는 말을 전한 것은 바로 올바른 자기계발의 응축이요 핵심이라는 것을 보여 준 것이다.

그리고 또 한 사람, 독서를 통한 리더십의 발현으로 퍼펙트 스톰을 일으킨 토크쇼의 여왕 오프라 윈프리(Oprah Gail Winfrey)를 소개하겠다.

오프라 윈프리는 20년 넘게 TV토크쇼 1위를 지켜온 '오프라 윈프리 쇼'의 진행자이자 프로듀서이며, 잡지 창간인, 교육자, 박애주의자로 활발한 활동을 하고 있는 인물이다. 그리고 미국에서 가장 존경받고 영향력 있는 여성으로 꼽히고 있다. 또한 일 년에 1,500억 원 이상의 수입을 올리는 것으로 유명하다. 2001년 일리노이주립대에서 '거물 오프라 윈프리'라는 과목으로 교양강좌가 열릴 정도의 영향력을 지닌 리더십의 소유자이기도 하다.

엄청난 퍼펙트 스톰의 영향력을 발휘하게 된 그녀는 성공의 원천이 무엇이냐는 질문에서 "나를 이렇게 만든 것은 독서입니다"라고 대답했다. 바로 리더십의 내재화를 발현시킨 힘의 원천으로 독서를 꼽은 것이다.

독서가 무엇이고 어떤 영향을 줄 수 있기에 리더의 자질 함양에 절대적인 요소가 되었는가를 보려면, 독서에 대한 문화인류학적 고찰이 필요하다. 인류가 오늘날과 같은 문화와 문명을 이룩하고, 이 시대를 이끌어 가는 만물의 영장의 자리를 차지할 수 있었던 계기를 보면, 두 번에 걸친 초대형의 변혁이 있었다.

첫 번째는 '말의 발명'이다. 인간은 말을 통해 '나' 이외의 사람들과 의사소통을 할 수 있게 되었고, 이러한 의사소통은 포유류 중에서도 그리 크지 않은 인간이 포식자들로부터 생존할 수 있게 되었다. 또한 의사소통으로 새로운 것을 수용함으로써 진일보할 수 있는 기틀을 확보한 것이다. 이 부분이 다른 동물과의 질적인 차별성을 나타내는 지점이 되었으며, 이것이 지구상의 다양한 생물류들과의 비교에서 절대 우위를 차지하게 된 것이다.

두 번째는 '문자의 발명'이다. 인류는 문자의 발명으로 말로써는 전달의 한계가 있을 수 있는 다양한 정보와 지식을 저장하고 보존하고 다시 살필 수 있는 기회를 창출한 것이다. 즉 문자를 통해 시간적인 제약은 물론 공간적인 제약을 뛰어넘어, 다른 종류의 경험과 생각 그리고 오류에 대한 성찰과 더불어 의사소통을 할 수 있게 되었다.

이는 자연스럽게 일방적인 기억의 영역에서 쌍방향적인 분석이 가능한 기록이라는 산물을 창조하였으며, 이를 통해 지식과 정보에 대해 객관적인 고찰을 이뤄 낼 수 있는 토양을 마련하게 된 것이다. 또한 인류를 논리적이고 창의적인 사고력을 지닌 영장류로의 발전을 이끈 기틀이 되었다. 즉 인류가 문명을 형성할 수 있었던 원동력이 된 것이다.

이것은 한 인간의 성장이라는 측면에서도 그대로 적용이 가능하다. 백지장과 같이 아무것도 모르고, 그저 본능적인 반응만하는 갓난아기는 엄마와의 교감과 흉내를 통해 말을 습득하게 된다. 그리고 습득한 말로 다른 사람과 의사소통을 하고, 그 소통 속에서 인간의 욕구에 대한 갈증을 충족하게 된다. 그리고 이어지는 글의 습득은 학습이라는 새로운 도약의 변혁을 이룰 수 있도록 성장하게 된다. 바로 이 지점에서 독서의 본질이 드러나며 본격적으로 세상에 대한 학습은 바로 글읽기라는 수단을 통해 이루어지는 것이다.

사람들은 글읽기, 곧 독서를 통해 세상에 대한 지식을 획득하고, 분석적이고 창의적인 사고력을 갖게 되며, 인간의 삶을 이해하고, 풍부한 정서와 자기 나름의 가치관을 형성하게 된다. 즉 인간은 독서를 통해 지적·정서적으로 보다 폭넓은 사람이 되어 스스로 사회 구성원으로서 지적인 풍요로움을 지니게 되는 것이다.

오프라 윈프리의 경우, 그녀의 성장 과정은 결코 순탄치 않았다. 그녀는 미국 남부 미시시피 지역에서 사생아로 태어났다. 여섯 살까지는 외할머니 밑에서 자랐으며, 그 과정에서 아동폭력을 당하기도 했다. 그래서 그녀의 꿈은 폭력이 없는 백인 어린이가 되는 것이었다고 한다.

그녀의 집은 생계보호 대상이었고, 어머니는 가정부로 생계를 이어갔다. 안타깝게도 그녀는 아홉 살 무렵 열아홉 살 사촌오빠에게 성폭행을 당했다. 뿐만 아니라 주변 어른들, 특히 어머니의 남자친구나 친척들에게 성적 학대를 당하고, 열네 살 때는 원치 않는 임신으로 미숙아를 사산하기도 했다. 심지어 이십 대 초반에는 마약을 경험하기도 했다. 그럼에도 그녀는 삶을 역전시켜 영향력 있는 인물로 선정되는 영광을 얻었다. 그 원동력이 바로 독서였으며, 이러한 독서는 자기성찰과 리더십 배양이라는 토양을 이루었고, 이를 통해 훌륭하게 변화된 삶을 일궈 나갔다.

오프라 윈프리는 머리가 뛰어나 이미 세 살 무렵에 글을 깨우쳤다. 다행히도 아버지와 살고 있는 새어머니의 도움으로 책을 읽고, 동시에 독후감을 쓰는 훈련도 받았다. 그녀는 어린 시절 친구들과 노는 것보다 책읽기를 더 좋아했다. 이런 그녀를 눈여겨본 에이브럼스 선생의 추천으로 니콜렛고등학교에 장학생으로 입학하게 되었다. 늘 외롭고 힘든 생활 속에서도 손에서 책을 놓지 않은 덕분에 자연스럽게 재치 있는 말솜씨를 갖게 된 것이다.

학교를 졸업한 그녀는 작은 지역 방송국의 리포터 겸 앵커로 사회에 첫발을 내디뎠다. 이후 성장을 거듭하여 미국 전역을 커버하는 ABC방송 오프라 윈프리 쇼(The Oprah Winfrey Show)의 주인공으로, 한때 4,500만여 명의 고정 시청자를 가진 토크프로그램 메인 MC로 자리를 잡았다. 그의 쇼는 번득이는 예지와 재치, 수준 있는 교양으로 대중들의 열렬한 성원을 받았다. 또한 세계 각국에 수출된 콘텐츠의 키맨이기도 했다.

이와 같은 영광은 그녀의 왕성한 독서가 바탕이 되었다. 더욱이 그녀는 독서를 통해 재치 있는 말솜씨를 얻게 된 것뿐만 아니라 얼룩진 어린 시절의 상처들을 치료하고 위로받은 점이 더욱 돋보인다. 독서라는 자기성찰을 통해 사람에 대한 이해와 그 속을 헤아리는 공감력, 그리고 사람들의 아픔을 이해하고 동조하는 특별한 능력을 갖게 된 것이다.

그녀는 세상을 미워하고 원망하며 자신이 처한 환경에 짓눌려 포기할 법한 환경 속에서도 독서를 통해 산적해 있는 문제들을 뛰어넘은 불굴의 인물이다. 자신의 고통스러웠던 경험과 아픔을 독서라는 행위와 융합해 내면서 사람에 대한 이해와 공감, 그리고 함께 손잡고 나아갈 수 있는 리더십을 구축한 것이다. 이는 그녀 자신의 삶은 물론 주변 사람들에게도 선한 영향력을 미쳐, 시대의 리더십을 발휘한 인물로 자리 매김하게 된 것이다.

그녀는 사람들에게 말한다.

"나를 이만큼 성장하게 한 것은 첫째가 신앙이고, 둘째가 독서였습니다(The first thing that made me this much was faith and the second was reading)."

책은 한 사람의 장점을 최대한 확장시켜 리더의 자리에 오를 수 있는 능력을 발휘하게 한다는 것을 우리는 윈프리의 사례를 통해 알 수 있다. 정상에 오르고 많은 사람에게 선한 영향력을 미치는 리더십을 이끌어 낸 힘은 독서를 통한 자기성찰과 자기계발에서 비롯되었고, 이것이 세상에 던진 퍼펙트 스톰이다.

4) 미디어와 리더십의 융합이란

이제 미디어 속의 콘텐츠를 통해 이 시대에 필요한 리더십과의 융합에 대해 알아보기 전에 먼저 몇 가지 기본적인 사항을 살펴보려고 한다. 사실 오늘날은 미디어 시대이고, 그 미디어의 영향력을 벗어날 수가 없다.

2024년 현재 우리는 유튜브, SNS 등 온라인을 통한 미디어 콘텐츠로 넘치나는 세상에 살고 있다. 이 같은 환경 속에서 미디어를 통해 자신의 세계를 구축하는 지식 혹은 지혜의 툴로도 사용하고 있다. 물론 미디어 속 콘텐츠들은 매우 다양한 관점을 보여 주고 있으며, 공존의 길을 향해 살아남기도 하고 소멸되어 잊혀지기도 한다.

따라서 이를 받아들이는 소비자들은 반드시 필터링을 거쳐 사고할 수 있어야 한다. 다양한 관점에서는 양질의 정보도 있겠지만 거짓의 길로 안내하는 쓰레기 정보도 존재하기 때문이다. 특히 사람들을 현혹시키거나 왜곡된 정보로 소기의 목적을 달성하려는 가짜 정보들을 거를 수 있어야 한다.

이러한 혼돈 속에서 독자들이 지녀야 할 자세가 무엇보다 중요하다. 다양한 콘텐츠는 나의 의사와는 별개의 알고리즘 속에서 작동된다. 그래서 올바른 정제 시스템을 내재화하는 것이 반드시 필요하다. 이는 스스로의 노력과 제도적인 관점에서 교육 정상화가 반드시 전제되어야 하는 것이다. 한쪽으로 기우는 것은 반드시 우를 초래한다. 이때 우리는 《중용》이라는 고전을 주목해서 봐야 한다. 과유불급을 경계하고, 절제된 자세를 강조하는 중용의 자세는 이 같은 당면 문제에 대한 기준점이 될 수 있다.

그래서 이 책을 읽기 전에 《중용》이라는 책을 살펴보는 여유와 사색의 시간을 가져보라고 권하고 싶다. 시간을 내기 어렵다면 인터넷을 통해서라도 《중용》에 대한 개괄 정도는 반드시 읽어

보기 바란다.

미디어를 떠나서 살 수 없는 지금, 단순히 영상이나 뉴스를 비판적으로 보고 가짜뉴스와 정보를 판별하는 것을 넘어서, 미디어 안에서 내가 어떻게 소통하고, 어떤 삶을 살고, 나를 어떻게 표현하는지 살펴볼 필요가 있다. 그리고 이를 실현하는 가장 쉬운 방법이 바로 '중용'의 의미를 인식하는 데서 출발하는 것이 좋다.

우리는 온갖 미디어 속에서 범람하는 정보와 각종 지식과 지혜를 이해하고 올바르게 활용하는 방법에 대해 끊임없이 노력해야 한다. 즉 통합(統合), 통섭(統攝), 융합(融合)과 같은 단어로

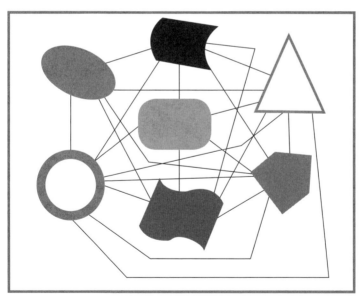

'통섭'의 의미를 표현한 이미지

표현되는 '통합적 사고'를 반드시 지녀야 할 것이다.

통합적 관점이란 구체적으로 표출되는 사회적 현상에 대하여 시대적 환경과 배경 그리고 그 속에 숨어 있는 맥락을 이해할 수 있은 능력을 말한다. 더불어 TPO(Time, Place, Occasion, 시간, 장소, 상황)에 따른 올바른 자신만의 관점을 내재화하여야 하며, 그 내재화를 통해 실제 삶에서 실행할 수 있도록 하는 것이다.

즉 인간, 사회, 국가, 지구, 범우주적 사고의 확장 속에서 암흑물질(dark matter)*이라는 강력한 블랙홀의 분출로 이루어진 세상에 대하여 올바른 방향을 향해 나아가야 할 것이다. 결국 통합적 관점의 내재화는 복잡한 현상을 정확히 이해할 수 있고, 이를 바탕으로 문제에 대한 근본적인 해결책을 찾아낼 수 있는 능력이므로 현대인이 갖추어야 할 덕목으로 삼아야 할 것이다.

이 같은 통합적 관점에서 바라본 리더십에 대한 고찰은 영화혹은 드라마를 통해 다양한 시각 혹은 키포인트를 잡아내려고 한다. 수동적인 사용자의 자세에서 자신의 목적과 목표를 이루는 데 도움을 받고 혜안을 가질 수 있는 일련의 과정을 자연스럽게 습득하고 이해하는 기회를 갖게 될 것이다.

따라서 앞서 살펴본 리더십에 대한 주제를 핵심 키워드로, 각종

---

* 암흑물질(暗黑物質, dark matter) : 우주 물질의 약 85%를 차지하는 가설상의 형태를 말한다. 암흑물질은 전자기장과 상호 작용하지 않는 것처럼 보여서 '암흑'이라고 불리는데, 이는 전자기파를 흡수, 반사 또는 방출하지 않기 때문에 탐지하기 어렵다는 것을 의미한다.

콘텐츠를 통해 리더십의 핵심 요체들을 습득해 나가는 과정을 살펴보고, 한편 경영학적으로 살펴본 기업 현장 사례들을 소개하려고 한다. 다만 한 가지 추가로 다뤄야 할 것은 콘텐츠, 즉 영화와 드라마다.

영화는 촬영을 해서 필름에 기록한 화상을 스크린에 투영, 영상과 음향을 통해 보여 주는 영상물이다. 물론 일종의 데이터 형태로 나타낼 수도 있다. 영화 제작 과정은 창조적 요소, 기계·기술적 요소, 경제적 요소가 합쳐진 예술의 한 갈래이기도 하다. 초창기에는 영화관에서만 상영되었으나 오늘날은 다양한 매체를 통해 볼 수 있다. 1895년 인류에게 첫선을 보인 영화는 우리나라에서도 1903년에 첫 상영이 이루어졌다. 일제강점기에 연쇄극(1919), 무성영화(1923), 발성영화(1935)가 차례로 제작되었고, 좌절과 수난의 시기를 거치기도 했지만 눈부신 발전을 거듭해 왔다.

드라마는 장르적 특성을 나타내는 용어와 결합하여 부른다. 예를 들어 '전쟁드라마', 'TV드라마' 등이 그것이다. 통상 드라마는 극(劇)으로 번역되며, 희극(Comedy)과 비극(Tragedy)으로 구분된다. 드라마의 어원은 고대 그리스어로 '행동하다'라는 뜻으로, 배우가 인간 행위를 모방한다는 의미를 담고 있다.

그럼 여기서 영화와 드라마의 차이를 살펴보자.

영화와 드라마는 매우 접근하기 쉬운 콘텐츠다. 똑같이 영상물을 활용한 오락거리 중의 하나이기 때문이다. TV드라마는 트리밍 서비스가 활성화되어 내가 원하는 시간에 선택해서 볼 수 있다. 영화는 대형 스크린 속에서 음향과 영상의 미학을 경험하는 점이 크게 다른 점 중의 하나다. 설렘의 강도와 정도가 크게 구분되는 장르이기도 하다. 그럼에도 영화와 드라마는 문화적인 만족을 주는 콘텐츠로써 우리 생활을 좀 더 다양하게 또 다른 경험의 세계로 이끄는는 역할을 한다.(출처 : 영화의 정의, 한국민족문화대백과사전)

좀 더 깊이 들어가 보면, 영화와 드라마의 첫번째 차이점은 촬영 기간이고, 두 번째는 촬영 규모다. 즉 필요한 예산과 제공처가 다르다. 세 번째는 스토리의 완결 방법이 다르다. 영화는 한 편으로 완결되는 경우가 많고, 사전에 해당 영화에 대한 예비지식이 필요한 경우는 거의 없다. 그러나 최근 등장하는 드라마는 사전에 등장인물이나 작품 배경에 대해 알아두면 시청하기에 보다 다양한 관점에서 해당 콘텐츠를 감상할 수 있다.

다만 영화와 드라마 두 장르 모두 최근 들어서는 촬영 기간, 돈, 스토리 등이 흘러넘쳐, 촬영 스태프나 감독, 배우 등이 새로운 조합으로 한 가지 콘텐츠에 메시지를 담아내는 점에 있어서는 거의 차이가 없다. 더불어 최근에는 OTT 플랫폼의 지원과 투자를 받아 제작하는 케이스가 늘어나면서 영화와 드라마의 질적인 차이가 없는 것이 현실이다.

02

영화 '디파이언스(Defiance)'에서 보여 준 리더십

불가능은 없다

篤行之

1) '디파이언스'라는 영화

영화 제목으로 사용된 디파이언스(Defiance)는 공개적인 반항 혹은 저항을 뜻하고, 동사 defy는 '(권위·법률·규칙 등에) 반항, 저항, 거역하다'는 의미다. 이 단어가 아주 강렬하게 다가온 이유는, 리더십에서 매우 중요한 위치를 차지하고 있는 넬슨 만델라라는 걸출한 인물을 배출해 낸 남아프리카공화국에서 사용한 '디파이언스 캠페인(defiance campaign)'이 생각났기 때문이다.

이 구호는 인종 차별이 극에 달했던 과거 남아프리카공화국에서 넬슨 만델라를 중심으로 사용하던 것이다. 1952년 이후 흑인들이 당시 국가지도부를 장악하고 있던 권력층에 대한 불복종운동을 말한다. 여기에서 일관적으로 관통하는 키워드는

'대담한 저항, 반항'이었다.

세상은 지난 역사 속에서 유대인들이 당한 고난을 다양한 관점에서 고찰하고 있다. 그리고 많은 사람들은 2차 세계대전 중에 벌어진 유대인 학살을 반인륜적 행위라고 규정하고 있다. 이러한 이유로 유대인 영화는 일방적인 피해 사실에 대한 감성을 자극하는 것을 주요 테마로 삼고 있다.

그러나 영화 '디파이언스'는 총을 들고 반인륜적인 행동을 벌인 나치에 맞서 싸우는 방식을 택하고, 그 가운데서 공동체를 이뤄 생활 터전을 만들어 가는 과정을 그리고 있다. 사실 이 영화는 비엘스키 형제의 실화를 바탕으로 한 영화다.

먼저 영화 줄거리를 정리해 보겠다.

이 영화는 200여 일간의 여정으로 생명을 걸고 저항하는 이야기다. 2차 세계대전 당시 가족을 모두 잃은 '투비아 비엘스키(다니엘 크레이그)'는 독일군과 밀고자를 죽인 후 형제들을 이끌고 숲으로 가서 몸을 숨긴다. 그러나 죽음을 피해 숲으로 도망온 피난민들을 외면하지 못한 그는 은신처가 발각될 것을 걱정하는 동생 '주스 비엘스키(리브 슈라이버)'의 반대를 무릅쓰고 그들을 받아들인다. 독일군에 맞서 유대인들을 보호하는 투비아 비엘스키의 명성은 피난민들의 유일한 희망이 되고, 숲으로 몰려드는 사람들의 수는 점차 늘어나 수천 명에 이르게 된다.

영화 '디파이언스(Defiance)' 포스터

나치 독일을 피해 벨라루스(Belarus) 지역의 유대인들을 구출하여 숲에서 2년 이상을 지내며, 그 규모가 1,236명에 이르는 상황을 맞기도 했다. 리더였던 투비아 비엘스키는 폴란드 육군 복무 경험과 함께 2차 세계대전 이전에 소련 치하에서 인민위원을 지내기도 해 다소 억압적인 자세로 함께하는 공동체 동료들과 갈등을 빚기도 한다.

그러한 상황 속에서도 "10명의 독일군을 죽이는 것보다 늙은 유대인 여성 한 명을 구하는 것이 낫다"는 투비아 비엘스키의 소신에 따라 전투보다는 유대인 구출과 생존에 주력했다. 또한 진료소, 빵집, 작업장, 목욕탕 등 기반시설을 갖추고 공동체를 이끌었다. 그런 가운데에서도 나치 협력자와 배신자를 처단하거나 파괴행위 등을 하기도 했다.

이러한 일련의 과정들은 비유대인과는 때로 폭력적이고 적대적인 관계로 인해 비엘스키가 구축한 공동체 집단활동에 대해 논란을 낳기도 하였다. 또한 어쩔 수 없이 안전을 확보하기 위해 권위주의적 리더십을 표출하기도 하고, 형제간의 내부 권력 투쟁으로 명과 암이 존재하는 양상을 나타내기도 했다.

그럼에도 감히 상상이 가지 않는 열악한 조건 속에서 대부분 노약자, 여성으로 이루어진 1,200명이 넘는 공동체를 이끈 투비아 비엘스키는 마땅히 리더로서 존경을 받아야 할 인물로 보인다.

한편, 주스 비엘스키는 독일군에게 수동적인 수비를 취하는 자세가 아닌 적극적인 대항 의지를 표방하며 공동체를 떠나 소련군에 합류한다. 반면 투비아 비엘스키와 막내 아사엘 비엘스키(제이미 벨)는 혹독한 겨울과 독일군의 습격 속에서도 남자들을 훈련시키고 노인과 여자, 아이들을 지켜 나간다. 그들은 살육과 절망의 비참함 속에서 단 하루라도 인간답게 살기 위해 결혼도 하고, 학교도 열고, 가난하고 열악하지만 축제를 여는 공동체를 이끌어 나간다.

그리고 투비아 비엘스키 역시 아름다운 '릴카'와 사랑에 빠진다. 하지만 공동체를 초토화시키려는 독일군의 대공습과 추격전이 벌어진다. 사랑하는 여인과 공동체를 지키기 위해 국경을 넘어야 하는 투비아 비엘스키와 형제들 앞에 마지막 대규모 사투가 기다리고 있다.

이때 그들은 여러 가지 행동을 취하게 된다. 우선 공동체 일원들을 멀리 도망가도록 하기 위해, 막내 아사엘 비엘스키와 방어대를 통하여 저지선을 구축한다. 방어전을 치르는 과정에서 벨라는 독일군의 총에 맞아 죽음을 맞이하고, 전세는 점차 악화일로를 걷게 된다. 한편, 도망가는 피난민들의 탈출 과정도 녹록지 않았다. 탈출하는 가운데 대규모 피난민들은 거대한 늪지대를 마주하게 된다. 어려움 속에서도 용기를 잃지 않았던 투비아 비엘스키는 드디어 절망에 주저앉는 상황을 맞게 된다.

그러나 신은 그들을 버리지 않았다. 엄청난 절망감이 밀려왔지만, 그들은 방어선을 구축하며 저항하였다. 그리고 죽은 줄

알았던 막내 아사엘이 돌아와 늪지대를 탈출하는 기막힌 아이디어를 제시한다. 그는 사람들을 서로 묶어 늪지대를 통과하도록 지휘한다. 그러나 마지막이라고 생각한 늪지대의 난관을 거의 건너갈 때쯤 나치 독일군의 탱크가 그들을 절망의 나락으로 밀어넣는다. 영화 '디파이언스'는 절망을 헤치면 또 다른 절망이, 또다시 그 절망을 헤치면 또 다른 절망이 희망과 소망을 갖기도 어려운 악조건의 파도가 계속 밀려온다.

이러한 절망의 위기에 빠진 그들에게 한때 갈등으로 공동체를 떠나 소련군에 들어갔던 주스 비엘스키가 나타나 독일군의 탱크를 격파하고 그들을 구해 준다. 공동체와 함께하기 위해 돌아온 주스 비엘스키는 형 투비아 비엘스키와 함께 공동체 마을을 재건하기 위하여 다시 노력을 경주한다. 이후 영화 '디파이언스'는 실화를 바탕으로 했다는 자막으로 끝을 맺는다.

자막을 보면 그들은 병원, 탁아소, 학교 등을 지어 2년 동안 작은 나라를 만들었고, 사람들은 계속 늘어나서 1,200여 명의 목숨을 구하는 공을 세운다. 다만 아쉽게도 방어선을 구축하였던 아사엘 비엘스키는 소련군에 들어가 독일군과 싸우다가 전사하고 만다. 그렇지만 돌아온 주스 비엘스키와 투비아 비엘스키는 미국으로 이주하여 운송업에 종사하며, 이후 30년간 함께 지냈다는 이야기를 전하며 암전으로 막을 내린다.

이와 같은 내용이 담긴 영화 '디파이언스'를 통해 리더십에 대해 이야기해 보고자 한다.

영화 속 등장인물들은 계속 불가능에 도전하면서 마침내 안정적인 삶을 찾게 되는데, 바로 이 과정에서 투비아를 중심으로 공동체를 이끌었던 그의 형제들은 과감한 결단으로 공동체 일원들과 함께 어렵고 힘든 환경을 뛰어넘었다.

바로 리더십을 이루고 있는 중요한 핵심 요체 중의 하나인 과감한 결단과 절제된 행동을 통해 적극적인 실천을 보여 준 비엘스키 형제들의 리더십은 이 시대에 필요한 포인트를 제공해 주고 있다.

영화에서 스토리를 감상하며 리더십이 어떤 지점에서 어떻게 발현되는가에 중점을 두고 한 번 더 보면, 미디어라는 이 시대의 정보 제공자 역할을 하는 콘텐츠로부터 어떤 방식의 리더십에 대한 지혜를 얻을 수 있을지가 보일 것이다.

다음은 이와 유사한 내용을 기업 경영 사례에서 찾아보겠다.

2) '주베일 항만공사'와 현대그룹 정주영 회장의 리더십

'주베일 항만공사'는 현대건설이 1976년 6월부터 1979년 12월까지 사우디아라비아 주베일 지역에 신항만을 건설한 것으로, 당시 한 업체가 맡은 단일공사로는 세계 최대 규모였다. 주베일항은 유전지대에 위치하여 원유 수출항으로서 시설 확대가 필요했으며, 매우 어려운 난관을 극복한 역사적인 건설공사였다.

공사가 진행된 1970년대 대한민국의 위상은 산업적으로나 경제적 면에서 이제 막 태동을 시작한 개발도상국가였다. 당시 대한민국은 오일머니를 활용한 중동 건설 붐에 하청의 하청을 받아 공사에 참여했으나, 노동력을 제공하는 데 대부분의 역량을 쏟아부었던 단순한 경영 활동 시기라고 볼 수 있다.

또한 1970년대 중후반에 들어서면서 경제 규모가 확대되고 성장하면서 그 발판이 되었던 중화학공업 생산시설을 기반으로 대규모 투자가 필요한 시기이기도 했다. 즉 지금 세계 10대 경제 규모를 갖춘 대한민국의 경제가 새출발을 하는 시기로 대한민국 경제 성장의 기반을 다지는 매우 중요한 시기였다.

이러한 시기에는 필연적으로 대규모 자본 투자가 필요하다. 이때 자금의 젖줄 역할을 한 것이 바로 대한민국 건설기업이 중동 건설 현장에서 벌어들인 외화였다. 그 가운데 빼놓을 수 없는 중동 진출의 중요한 지렛대 역할을 한 프로젝트가 바로 사우디아라비아 주베일 항만공사였다.

세계 건설업계에서 '20세기 최대 역사'라고 일컬어지는 이 공사 금액은 무려 9억6,000만 달러나 투입되었다. 당시 단일 회사가 맡은 공사로는 세계에서 가장 큰 규모였다. 즉 110만㎥의 콘크리트가 사용되었으며, 이 콘크리트 양은 웬만한 항만공사에 사용되는 매립용 흙의 양보다 많은 것이었다.

이렇게 큰 프로젝트를 당시 한국의 건설기업이 해결한다는 것은, 앞서 살펴본 영화 '디파이언스'에서 수많은 난관을 헤치고 성공적으로 탈출해 내는 '불가능은 없다'라는 정신과 기시감을 갖게 한다.

당시 이 프로젝트의 주역은 단연코 타의 추종을 불허할 만큼 경쟁력을 보여 준 현대건설이었다. 그리고 백그라운드가 되어 준 정주영 회장의 리더십은 경탄할 만한 추진력이었다.

정주영 회장은 1945년 광복 이후 현대건설주식회사, 현대자동차주식회사 등을 설립한 기업인인 동시에 한때 정치에도 참여한 적이 있다. 그는 1915년 강원도에서 태어났으며, 고향 마을 이름을 딴 호 아산(峨山)이라 불리기도 했다. 그의 최종 학력은 소학교 졸업이며, 그 후 농부인 아버지를 따라 농사일을 거들었다. 하지만 가난을 벗어나기 힘들어 여러 차례 가출을 반복하면서 농사 대신 다른 일을 찾고자 했다.

원산 지역 철도공사장에서 막노동을 하기도 하고, 여러 번의 가출 끝에 서울에 있는 미곡상에 취직을 했다. 그리고 1937년 쌀가게를 물려받아 운영하게 되었다. 그런데 당시 일본 제국주의는 통제경제를 펼쳤으며, 이로 인해 정주영 회장은 쌀가게 문을 닫고, 1940년 아도서비스(현대자동차의 뿌리)라는 자동차 수리공장을 운영했지만, 이 역시 1942년 기업정리령에 따라 폐업했다. 이후 광산 관련 사업을 하다 광복을 맞이하게 되었다.

광복 후 정주영 회장은 1946년 4월 '현대자동차공업사'를 설립하였고, 1947년 5월 '현대토건사'를 설립하여 건설업에도 진출했다. 1950년에는 두 회사를 합병하여 현대그룹의 모태인 '현대건설주식회사'를 설립했다. 이 회사는 한국전쟁 때 위기를 맞았으나 미군 통역장교였던 동생 정인영의 도움으로 미군 관련 건설공사를 수주하면서 성장의 기틀을 잡았고, 서울 수복 이후에는 거의 독점적으로 건설공사를 수주하여 현대그룹의 기틀을 다져 나갔다.

이후 전후 복구사업에 참여해 다양한 공사를 수주하면서 사업 규모가 커져, 1960년에는 국내 건설업체 중 도급한도액 1위를 차지하게 되었다. 1964년에는 건설업과 밀접한 관련이 있는 시멘트공장을 준공하여 1965년 국내 최초로 태국 고속도로 건설사업으로 해외 건설사업에 첫발을 내디뎠다.

이 같은 성장의 여세를 몰아 1970년대에는 중동 건설 붐을 타고 사세를 크게 확장했으며, 때마침 주베일 항만공사를 수주했다. 이후 현대건설은 국내 건설사 대표주자가 되었고, 1967년 현대자동차주식회사, 1973년 현대조선중공업주식회사, 1975년 현대미포조선주식회사, 1983년 현대전자산업주식회사를 설립하면서 전자업종에도 진출하여 명실상부한 국내 굴지의 그룹으로 확실한 자리 매김을 했다.

이후 정주영 회장은 1987년 현대그룹 명예회장이 되면서 경영 일선에서 물러나 다양한 정치활동에 참여했다. 특히 정치를 하면서도 주베일 항만공사와 영화 '디파이언스'에서 나타난 리더십의 한 전형인 '불가능은 없다'라는 정신을 또 한 번 보여 주었다.

뿐만 아니라 1998년 두 차례에 걸쳐 소 1,000마리를 몰고 판문점을 거쳐 방북하는 이벤트를 보여 주었다. 이 같은 퍼포먼스를 계기로 당시 김정일 국방위원장과 면담을 하는 등 남북협력사업에 큰 진전을 이루기도 하였다.

다시 주베일 항만공사에서 정주영 회장이 구현해 낸 '불가능은 없다'라는 리더십을 살펴보자.

주베일 항만공사는 크게 매립지의 경사면이나 밑부분 표면을 시공하는 호안(revetment) 공사와 방파제 공사, 안벽 공사, 해상 유조선 정박시설 공사 등으로 나눌 수 있다. 한마디로 무에서 유를 창조하는 공사라고 보아도 무방하다. 이 공사에 투입된 인력은 200여 명의 토목, 건축, 기계 및 설비 분야 상주 기술자와 해당 공사에 대한 관리자, 약 100종에 이르는 다양한 분야의 실무 담당 기능공들이 참여했다. 하루에 최대 3,600명이 필요한 대규모 공사였던 것이다.

이 같은 규모는 작업 기간을 감안하여 연 인원으로 환산하면 국내에서 작업한 구조물 제작과 현장까지 이동 수송에 참여한 인력을 제외하더라도 총 250만 명에 달하는 규모다. 또한 해당 공사에 투입된 자재 종류만도 1,000종 가까이 되고, 해당 자재 중에서 별도로 공급원을 지정하거나 특수시방을 요구한 자재를 제외하고는 모든 종류의 자재를 국내 조달을 기본 원칙으로 삼은 것은 정말로 대단한 의지의 구현이라고 할 수 있다.

또한 본 공사 이전에 필요한 예비 공사 중에서 특기할 만한 상황도 있었다. 그 공사는 1976년 7월부터 시작된 임시부두 가설공사였다. 더욱이 해당 공사는 본 공사 계약서와는 무관한 공사였기에 시공사인 현대건설에게는 매우 부담이 되는 상황이었다. 그렇지만 임시부두 가설공사를 마무리하고, 이 공사를 통해 본 공사에 필요한 물자 동원을 1976년 12월까지 완료할 수 있었다. 이 임시부두 가설공사를 활용하여 배를 타고 나가 본 작업을 함으로써 공사 진행 속도를 2배 이상 빨리 진행할 수 있게 된 것이다.

그 후 1977년 1월에 시작된 본 공사는 호안 공사와 방파제 공사, 안벽 공사, 해상 유조선 정박시설 공사 등이다. 이 가운데 30만톤급 유조선 4척을 동시에 정박할 수 있는 해상 유조선 정박시설(OSTT, Open Sea Tanker Terminal) 건설은 공사 전체의 성패와 직결된 중요한 공정이었다. 이전까지 현대건설은 OSTT 건설 경험을 전혀 갖고 있지 않았다. 그러나 현대건설은 이 부분에 독보적 기술을 가진 미국의 브라운앤루트(Brown & Root)사와 기술협약을 통해 발주처인 사우디아라비아를 안심시켰다. 바로 이 부분이 영화 '디파이언스'에서 보여 준 리더십의 발현이 나타나는 지점이기도 하다.

현대건설은 OSTT 건설에 사용된 400톤급 재킷(가로 18m×세로 20m×높이 36m) 89개를 비롯한 철구조물 전량을 인도양 너머 우리나라 울산 현대조선에서 제작하여, 1만200km 떨어진 주베일

공사 현장까지 해상으로 운송했다. 건설에 대해 모르는 사람은 말할 것도 없고, 모든 사람이 불가능이라고 여길 정도로 '불가능에 도전한' 것이었다.

당시 일화로 정주영 회장은 해당 프로젝트를 반대하는 사람들에게, 아니 세상을 향하여 "무슨 일이든 할 수 있다고 생각하는 사람이 해내는 법이다. 의심하면 의심하는 만큼밖에 못하고, 할 수 없다고 생각하면 할 수 없는 것이다"라고 외치며, 모두 불가능하다고 여기는 해상 수송작전을 멋지게 해냈다. 이 일은 발주처와 감독청을 놀라게 한 것은 물론, 공사에 필요한 정밀한 시공 능력도 함께 보여 준 것이다.

그때 진행한 공사는 무모한 수송 작전은 물론이거니와 파도가 넘실거리는 수심 30m 되는 주베일만에 400톤급 재킷을 정확하게 설치하는 것이었다. 그때 기술로는 불가능에 가까운 일로 난공사 중의 난공사였다. 통상의 작업 방식은 보통 재킷부터 설치한 후 간격에 맞춰 빔을 제작하는 방법으로 진행했다. 그런데 현대건설은 정확한 위치에 재킷을 먼저 설치하고, 설치 전에 제작한 빔을 설치하는 상식을 깨는 방식으로 진행한 것이다. 재킷과 빔과의 한계오차를 5cm 내외에서 여러 개의 재킷을 20m 간격으로 정확하게 설치하는 공사 현장을 본 세계 유수의 엔지니어들은 혀를 내둘렀다고 한다. 불가능이 현실로 구현되는 광경이 눈앞에서 펼쳐졌기 때문이다.

이후 현대건설은 세계적인 건설사로 도약하게 된다.

주베일 신항만 준공 사진

주베일 항만공사는 현대그룹으로서 큰 의의를 지니는 대단히 주요한 공사였다. 현대건설은 육상과 해상에 걸쳐 모든 공정이 투입되는 주베일 항만공사를 완벽하게 수행함으로써 기술 수준을 크게 끌어올린 것은 물론이다. 그리고 이전까지 미개척 분야에 머물러 있던 OSTT 건설 경험과 기술을 확보하게 되었고, 당시까지 선진업체들이 독식하고 있던 해상구조물 건설시장에서 대등한 경쟁을 펼칠 수 있는 단계로 도약했다. 또한 중동의 다양한 건설사업에 대한 대한민국의 위상을 깊이 각인시키는 역할도 수행한 것이다.

바로 불가능을 가능으로 현실에서 구현해 냄으로써 다른 차원을 구축하게 되고, 이후 현대건설은 얀부(아랍어로 '바다의 근원'이라는 뜻) 천연액화공장 해상 정박장 공사 등을 잇달아 수주했다. 그리고 해상구조물 건설이 이어졌으며, 주베일 신항만 주변에서 진행되는 인프라 공사를 거의 독식하다시피 하는 성과로 이어졌다. 이것이 바로 정주영 회장의 '불가능은 없다'라는 불굴의 리더십인 것이다. 또한 영화 '디파이언스'에서 보여 준 불가능을 가능으로 이끈 비엘스키 형제들의 리더십과 유사한 경영 사례라고 할 수 있다.

3) 영화 '디파이언스'와 정주영 회장 리더십의 근원인 독행지(篤行之)

앞서 언급한 내용 중에서 《중용》에 대해 한 번 더 이해하고 넘어가자.

《중용》은 유교의 철학적 배경을 천명하고 있으며, 경전 첫 장 첫머리에 "하늘이 명(命)한 것을 성(性)이라 하고, 성을 따르는 것을 도(道)라 하고, 도를 닦는 것을 교(敎)라 한다"라고 유교 철학의 출발점은 물론 지향점을 제시하고 있다.

또 주희는 중(中)이란 한쪽으로 치우치지 않고 기울어지지 않으며 지나침도 미치지 못함도 없는 것(不偏不倚 無過不及)을 일컫는 것이고, 용(庸)이란 떳떳함(平常)을 뜻하는 것이라고 설명했으며, 정자(程子)는 기울어지지 않는 것, 불편(不偏)을 중(中)이라 하고, 바꾸어지지 않는 것, 불역(不易)을 용(庸)이라고 했다.

그리고 중화사상(中和思想)은 중용을 철학적으로 달리 표현한 것이다. 여기서 사용한 '중(中)'은 희로애락의 감정이 발로되기 이전의 순수한 마음 상태를 말하는 것이고, 마음이 발(發)하여 모두 절도에 맞는 것을 화(和)라 일컫는다. 이러한 중화(中和)를 이루면 하늘과 땅이 제자리에 있게 되고 만물이 자라게 된다는 것인데, 이는 우주 만물이 제 모습대로 운행되어 가는 것을 뜻한다.

이러한 《중용》에서 알려 주는 리더십의 핵심 요체에 대한 내용으로 구성되어 있는 애공문정(哀公問政)편은 애공(哀公)이라는 제자가 공자에게 정치에 대해 물어보자 공자가 들려준 지혜들을 서술한 내용이다.

그 가운데 리더십에 대한 핵심 요체를 정리한 부분은 "박학지(博學之, 널리 배우십시오), 심문지(審問之, 자세히 물으십시오), 신사지(愼思之, 신중히 생각하십시오), **명변지**(明辨之, 분명하게 사리를 분별하십시오), 독행지(篤行之, 돈독히 행하십시오)"라는 구절이라고 볼 수 있다.

따라서 영화 '디파이언스'와 '주베일 항만공사'에서 보여 준 정주영 회장의 '불가능은 없다'라는 리더십은 독행지(篤行之)라는 리더십의 핵심 요체를 구체적으로 구현해 낸 것으로 판단된다.

독행지(篤行之)는 문자 그대로 '명료하게 분석하여 독실하게 실천해야 한다'는 의미를 갖고 있다. 여기에서 리더십과 관련하여 주목할 부분은 행(行)이다. 즉 행(行)함에 있어 리더는 전심전력의 실행(wholehearted execute)이 필요한 것이다.

리더가 리더십을 발휘할 때 그 안에 다양한 핵심 요체들이 존재한다. 따라서 우리는 영화 '디파이언스'에서 보여 준 비엘스키 형제들의 실행력을 주목해야 하고, 주베일 항만공사에서 보여 준 정주영 회장의 실행력을 보아야 한다. 이것이 바로 독행지에 따른 구체적이고 적극적인 실행을 보여 준 지점이다.

즉 '불가능은 없다'에 대한 리더의 자세로 모두 같은 맥락을 보여 주었다. 어려움이 예상되는 현실에 대한 타개책을 팔로우하거나 혹은 해당 구성원들을 이끌고 절제된 실행(just enough)을 펼쳐 역량을 보여 줌으로써, 《중용》에서 보여 주는 리더십과 관련된 여러 핵심 요체 중에서 특히 독행지를 현실 속에서 구현한 것이라고 판단된다.

사실 우리는 언제 어디서든 아이디어가 떠오를 수는 있다. 다만 그 아이디어를 가지고 새로운 비즈니스를 창출하거나 상황에 맞는 변화와 혁신을 이루는 부분으로 나아가는지에서 차이가 날 뿐이다. 바로 이 지점을 영화 '디파이언스'나 '주베일 항만공사'에서 정주영 회장은 월등한 특별함을 보여 준 것이다.

보통 아이디어라는 것은 효율성은 물론 효과성도 있어야 하고, 이노베이션(혁신)이라는 차별성도 확보해야 한다. 이렇게 확보한 아이디어에 골격을 형성하는 방법은, 먼저 긍정적인 자세를 가지고 상황에 대한 전향적인 검토를 하면서 정확한 분석을 선행하여야 한다. 이어서 이러한 실행 속에서 스스로를 냉철하게 평가하는 후속 조치를 이어가야 한다.

평가가 긍정적일 수도 있고, 부정적일 수도 있다. 긍정적인 경우라면 파일럿을 시도하거나 다양한 전문가들의 솔루션을 놓고 진정성 있는 소통을 해야 한다. 이 과정에서 강점과 기회를 극대화하는 방향으로 한 걸음씩 나아가야 한다.

만약 부정적인 평가가 내려진 경우라면, 단순하게 포기하지 말고 보다 차분한 분석을 통해 또 다른 동기부여의 일환으로 다양한 시각을 갖고 살피는 실행을 이어가야 한다. 그리고 새로운 아이디어를 실현할 수 있는 상황을 만들어 앞으로 나아가는 지점으로 활용해야 한다.

4) N차 관람을 권하는 영화 '디파이언스'에서의 리더십 명장면

영화 '디파이언스'는 비엘스키 형제들이 파르티잔 방식을 통해 "우리가 살아남는 게 저들에 대한 복수"라는 투비아 비엘스키의 대사에서 불가능에 대한 도전을 표현했다. 이 대사는 반드시 살아남아야 한다는 불가능에 대한 도전과 응전의 자세 속에서 삶을 꾸려 나가자는 다짐을 극명하게 보여 준다.

그리고 투비아 비엘스키는 동생 주스 비엘스키와 다른 선택을 한다. 바로 '살아남는 자가 강한 자'라는 입장을 견지하고, 독일 나치군에 직접적인 타격을 원하는 주스 비엘스키는 소련군에 가담하여 대항하는 방식을 취하는 강경론자였지만, 그의 형 투비아 비엘스키는 생존을 택한다.

과연 리더라면 이런 경우 어떤 식으로 결정을 해야 하는지에 대한 고민을 던져 주는 장면이 아닌가 한다. 기업을 경영하는 사람이라면 두 걸음 전진을 위해 한 걸음 뒤로 물러나는 것도 중요한 리더십의 발현으로 볼 수 있다.

만약 생과 사의 기로에서 고독한 결정을 해야 하는 상황이라면, 필자는 투비아 비엘스키의 결정을 지지한다. 다만 때때로 리더는 따르는 이들을 위해 일종의 퍼포먼스로 동생 주스 비엘스키와 같은 의사결정을 할 경우도 있다. 하지만 올바른 결정으로 이끌어 가야 하는 것이 절대적으로 필요하다. 무모해 보이더라도 리더의 진정성이 담긴 퍼포먼스를 보여 줌으로써 그들이 리더의 마음과 결정의 진정성을 알 수 있도록 해야 한다.

여기서 과연 내가 리더라면 참아가며 응축시킬 수 있는 나만의 솔루션이 있는가 고민해 보는 지점이라고 생각한다.

한편, 영화에서 비엘스키가 이끄는 무리들이 비굴하지만 살아남기 위한 투쟁을 택할 수밖에 없는 나치 독일군의 유대인 압제 현장은, 역시 영화라는 매체를 통한 감성의 터치가 있는 장면으로 볼 수 있다.

기업은 늘 어려움에 직면한다. 그 어려움은 조직의 리더뿐만 아니라 조직원들에게 불안감을 심어 줄 수밖에 없다. 과연 이러한 위기 상황에서 리더는 어떤 의사결정을 내려야 하는지 고민하게 하는 장면과도 오버랩이 되는 지점이다.

그 와중에 한 여인이 몰래 출산을 하고 숨어서 아이를 키우다가 적발된다. 안전을 위해 은신처에서 아이를 갖는 것을 금지했건만 이 같은 일이 현실로 다가왔다. 사실 그녀는 처음 피신해 올 때 군인들에게 겁탈을 당해 임신을 했던 것이다.

투비아는 당장 그녀를 추방해야 한다고 화를 내지만, 사랑하는 연인 릴케는 '그들을 지켜달라'며 설득한다. 그녀는 인간답게 살자는 투비아의 말을 인용하며 그를 설득한 것이다. 결국 투비아는 릴케의 말을 수긍하고, 그들 역시 다시 사랑을 확인한다.

우리는 이때 투비아와 릴케의 커뮤니케이션에 주목할 필요가 있다. 경영에 있어서 우리는 소통의 문제에 대한 중요성을 강조하곤 한다. 소통을 통해 리더의 의견을 조정하고 유연성을 확보하고 새로운 기회 창출의 가치를 실현하는 것을 많은 사례를 통해 보았을 것이다.

정주영 회장의 리더십에 관한 일화 중에서 많이 회자되는 이야기가 있다.

아무도 해 보지 않은 일, 감히 상상도 못할 일을 정주영 회장은 많이 해냈다. 조선소 건립에 관한 일화를 잠깐 살펴보면, 당시 정주영 회장은 조선소를 짓겠다는 계획을 한다. 그때 분위기는 "무슨 경험이 있다고 조선소를 만드느냐?"는 이야기가 나돌 정도였다. 하지만 정주영 회장은 멈추지 않았다. 당시 현대는 조선소 건설을 위해 영국 바클레이은행과 4,300만 달러(약 510억 원)에 이르는 차관 도입을 협의하였다. 하지만 바클레이은행 측은 현대의 조선 능력과 기술 수준이 부족하다며 거절 의사를 표명했다.

그러자 1971년 9월 정주영 회장은 바클레이은행에 영향력을 행사할 수 있는 선박 컨설턴트 회사 '애플도어'의 롱바텀 회장을 통해 돌파구를 찾고자 했다. 그러나 '애플도어' 롱바텀 회장 역시 거절 의사를 밝혔다.

바로 그때 정주영 회장은 지갑에서 거북선 그림이 들어 있는 500원짜리 지폐 한 장을 꺼내 롱바텀 회장에게 보여 주면서 대한민국의 잠재력을 설파하며 자신이 추구하고자 하는 조선소 건립에 대한 도움을 청했다. 이러한 정주영 회장의 기개에 감탄한 롱바텀 회장은 추천서를 써 주었다.

이 추천서를 바탕으로 또 한 번 불가능한 미션에서 바클레이은행을 설득하여 차관 도입을 이뤄 냈다. 그리고 이를 발판 삼아 2년 3개월 만에 조선소를 준공하는 쾌거를 달성했다. 이러한 경험은 늘 직원들에게 강력한 메시지를 줄 수 있는 토대로 활용되었다. 이후 커뮤니케이션이 필요한 일이 생기면 직원들에게, "이봐, 해 보기나 했어?"라는 말을 무기로 설득과 동시에 해당 사업들을 진행하였다.

정주영 회장의 한마디는 허무맹랑한 상상에 그칠 수 있었던 여러 프로젝트를 성공적으로 이끌어 가는 원동력이 되었다. 물론 일방적인 소통이라고 볼 수도 있는 지점이다. 그렇지만 마음속에서 깊은 신념의 내재화를 이룬 것으로 불가능에 대한 도전 의식을 보여 주는 면면이 아닐까 싶다.

마찬가지로 영화에서도 생존이라는 가장 큰 목적 앞에서도 릴케의 말에 귀를 기울여, 한 아기의 생명도 역시 소중하다는 것을 인정함과 동시에 어려움이 있을지라도 포용하는 투비아 비엘스키의 의사결정은 이 영화에서 우리가 가장 중요하게 보고 있는 생존, '살아남는 것'임을 안다면 수긍이 되는 참 리더의 모습이라고 보여진다.

또 의사결정에서 '살아남는 것'을 가장 중요하게 여기는 장면으로, 숲으로 탈출하는 비엘스키 삼 형제의 탈출 모습도 주의 깊게 투영해 볼 만하다고 생각한다.

기업인의 입장이라면 위기가 닥칠 경우 물러날 줄도 알아야 진전을 할 수 있는 기회를 찾을 수 있다. 커다란 동물을 묘사하기 위해 아기 개구리에게 배를 크게 부풀리면서 이 정도로 크냐며 계속 공기를 들이마셔서 자신의 몸집을 불리다가 결국은 배가 터져 죽는 개구리에 관한 이야기를 통해서, 물러남도 중요한 경영 전략 중의 하나임을 보여 주는 것과 같은 맥락의 장면으로 여겨진다.

　기업의 성공은 몇 가지 중요한 패턴을 보여 주곤 한다. 리차드 스미스와 제임스 M. 시트린이 저술한《성공한 커리어의 다섯 가지 패턴(The Five Patterns of Extraordinary Careers)》이라는 책에서는 성공의 패턴을 이렇게 정리했다.

　"우선은 가치 창출의 맥을 알고 실천할 것을 주문한다. 두 번째는 상호간의 협력이라는 조직 내 혹은 조직 외의 네트워크를 활용하여 성장을 추구할 것을 이야기한다. 세 번째는 합리적이고 현실적인 방안을 강구하는 것이 중요하다. 네 번째는 통찰력을 갖추고 이에 대한 실현을 추구한다. 다섯 번째는 자기계발을 충실히 진행하고 노력한다."

　바로 영화 '디파이언스'와 '주베일 항만공사'를 성공시킨 정주영 회장의 리더십이《중용》의 독행지(篤行之)에 대한 구체적인 발현이며, 통찰력을 갖추고 이에 대한 실천을 추구한다는 성공 패턴 중의 하나임을 잘 보여 주는 것이라고 생각한다.

　또한 투비아 비엘스키가 숲으로 도망친 다른 유대인들을 발견하는 장면을 보면, 죽음에서 벗어나기 위해 도망치던 중에 투비아는 같은 도망자의 처지에 놓인 유대인의 무리를 발견한다. 무리가 많아지면 발각될 위험도 커지고, 또 제각각 의견이 분출되어 일사분란한 탈출 프로젝트에 파열음을 나타낼 수밖에 없다. 그럼에도 투비아는 이들 공동체 무리와 함께 탈출 프로젝트를 이끌게 된다. 바로 생명이라는 가치에 무게 중심을 두고

영화의 배경으로 나오는 벨라루스 지도

의사결정을 하는 모습에 주목할 것을 권한다.

영화 '디파이언스'는 실제 역사를 그린 이야기다. 나치가 폴란드를 넘어, 당시엔 소비에트연방공화국에 속했던 벨라루스까지 침공해 들어오자 유대인들이 사지로 내몰린 상황 속에서 벌어진 실화다. 그렇지만 영화에서 보여 주는 투비아의 모습은 우리가 특히 중시해야 할 지점인 '인간다운 삶'에 대한 회복을 위한 저항이다. 즉 리더로서 '인간답게 죽기 위해' 싸우자고 사람들을 설득한다. 과연 '인간이라면 무엇을 위해 싸울 것인가? 그 싸움을 통하여 얻을 수 있는 죽음은 무엇인가?'라는 질문에 대한 답을 제시하는 영화라고 보여진다.

'디파이언스(defiance)'는 저항, 투쟁, 싸움이라는 뜻이므로 저항의 방식에 대해 인간의 삶의 문제를 끌어가는 영화다. 다만 저항하는 여러 모습에서 우리의 생각과 자세 그리고 태도에 대해 리더로서 책임감을 지니고 기꺼이 모든 것을 다 바치는 자세를 주목해서 보자. 바른 길이라고 판단한 투비아의 신념 속에 내재화된 '살아남는 것'이 우리 모두의 골(goal)임을 알려 주고 이끌어 가는 주인공 투비아 비엘스키의 리더십에 대한 중요한 테마 중의 하나라고 생각되기 때문이다.

한편, 비엘스키 형제는 마을로 숨어들어 부모를 죽인 원수들에게 실행할 복수를 생각한다. 마을에는 마치 경찰인 것처럼 위세를 부리는 배신자가 활개를 치고 있지만, 그 역시 핍박을 받던 유대인이었다. 그도 어쩔 수 없는 선택을 한 것으로 보인다. 다만 그 선택에 대한 책임의 무게를 알고 있는지는 의문이 드는 부분이다. 우리는 선택을 하고 나서 자기 책임을 모면하기 위한 변명을 일삼는 일이 너무도 빈번하다. 바로 리더의 위치에 있는 사람들의 모습이 너무 많이 떠오르는 시기이기 때문이다.

성경에 창녀를 단죄하기 위해 돌로 쳐서 죽이려는 군중들에게 예수님은 "죄 없는 자가 있다면 돌로 쳐라" 하고 말씀하신다. 아마도 같은 말을 배신한 유대인에게 적용하여, 같은 유대인이라도 비엘스키 형제가 죽이는 것이 옳은가라고 말하는 사람들도 있다. 성경 말씀에 대한 오독이고 모욕이라고 생각한다. 어느 순간부터 교묘하게 비틀어 변명하기도 하고, 선한 의미를 왜곡하여 아시타비(我是他非)와 후안무치(厚顔無恥)의 자세를 보이는 경우가 많다. 이러한 오독과 왜곡은 리더라면 절대 해서는 안

되는 지점이다.

이런 어리석음에서 벗어나려면 반드시 통찰력을 갖추어야 한다. 이러한 통찰력은 스스로 항상 경계하는 자세로 신독의 자세를 통해 책임이라는 무게와 인간의 가치를 성찰하는 노력을 기울여야 얻을 수 있는 것이다. 그 노력의 지름길 중의 하나가 바로 《중용》의 지혜를 단단히 연단하는 자세를 갖추는 것이 좋은 방법이다.

다시 영화로 돌아가자. 비엘스키 형제는 배신자 유대인의 집으로 가서 저녁식사를 하던 그 가족에게 복수의 총알을 쏜다. 인간의 죽음은 무엇보다도 존중되어야 하지만, 따라서 하지 말아야 할 일이지만 해야만 하는 아주 씁쓸한 장면이 아닐 수 없다. 다만 리더라면 복수라는 대의 명제보다는 무리에 대한 생존, 탈출 등에 무게 중심을 두어야 하는 지점도 존재한다.

물론 영화에서 이와 같은 복수 행위는 인간이라면 당연히 감내할 부분이기도 하지만, 영화 후반부로 갈수록 자신들의 인간적인 대응보다는 무리의 생존에 더 무게를 두는 투비아 비엘스키의 자세를 통해 리더라면 짊어져야 하는 책임임을 분명하게 보여 주는 장면이 많다.

이러한 태도는 깊이 새겨둬야 하는 리더의 자세라고 생각한다. 우리는 일상에서 늘 의사결정을 하면서 살아가고 있다. 이 의사결정에는 알게 모르게 경영학에서 많이 사용되는 경영 전략에 대한 과정을 거친다는 것을 알 수 있다.

우리는 어떤 의사결정을 위해 해당 문제에 대한 리스크(risk)를 규명한다. 그리고 해당 리스크에 대해 계량화하는 방식으로 측정하거나, 다양한 방안을 통해 평가를 내린다. 그리고 해당 리스크에 대해 관리 가능 여부도 판단한다. 이때도 물론 다양한 방안들이 있을 것이다.

그리고 해당 리스크를 모니터링한다. 올바른 관찰 속에서 리스크에 대한 통제가 가능한지에 대한 판단, 관리가 가능한 범위인지, 아니면 감내할 수 있는 범위인지를 살피는 것이다. 이 같은 일련의 과정을 제대로 파악하고 있는지, 어느 부분에서 놓치는 것은 없는지 재점검하는 과정을 진행해야 한다.

이후 리더들은 리스크에 대하여 종합적인 솔루션과 대책 등을 수립하고 이를 실천해야 하는 것이다.

영화 '디파이언스'에서도 비엘스키 형제들은 앞에서 언급한 과정들을 문자적인 표현 혹은 시간을 표현하는 것은 아니지만 불가능은 없는 목표를 달성하기 위해 노력을 한 것이다. 또한 '주베일 항만공사'에 대한 정주영 회장의 리더십에서의 의사결정 과정에서도 적용이 된 것으로 판단된다.

최근 신문에서 "현대건설이 사우디아라비아에서 6조5,000억 원(50억 달러)에 달하는 플랜트 건설사업 수주에 성공했다. 해외 수주 사상 7번째, 사우디에서 수주한 사업으로는 최대 규모다.

주베일 신항만 건설은 1976년 정주영 당시 현대건설 사장이 공격적인 입찰로 유럽 업체들의 벽을 넘어 따낸 중동 신화를 쓰기 시작한 상징적인 공사로, '제2 중동 붐' 기대가 커지고 있다"라는 기사를 보면서 주베일 항만공사를 성공시킨 정주영 회장의 리더십을 되돌아보았다.

한편, 미디어 및 SNS로 대별되는 지금 우리에게 너무도 친근하게 다가오는 콘텐츠를 활용하여 리더십뿐만 아니라 다양한 주제에 대한 관점을 공부하고, 혹은 자기성찰에 활용하는 것 또한 다양한 자기계발에 좋은 방법이라는 생각을 해 본다.

이와 같은 방식으로 지혜를 습득하는 사람들에 따르면, 영화라는 매체는 영화의 배경과 영화가 만들어진 특정 사회의 문화와 주제를 스토리텔링을 통해 영상화한 언어라고 볼 수 있다. 영화는 특정한 시대의 사회상과 그 시대 삶의 모습을 담아내고 있다. 이런 점에서 관객들은 영화를 감상하면서 그 영화 속에 설정된 공간이 영화 속 서사의 시간적 배경 속에서 어떤 의미를 담고 있는가를 살펴보는 방식으로 접근할 것을 권한다. 즉 영화라는 서사를 통해 영화가 표현하고자 하는 의미와 영화 속의 사회성과 문화성을 읽어내야 한다. 그러는 동안에 비판적으로 사고하는 자세를 취하면 좋을 것이다.

영화 감상은 어차피 도전과 응전이 존재하는 세상 속에서의 자아 찾기라는 행위일 수 있으며, 특히 개인적 측면에서는 개인적 차원이 아닌 사회적 자아, 즉 사회적 주체를 찾아가는 과정으로도 활용할 필요가 있다.

주도적인 입장으로 영화를 읽는다는 것은 영화가 반영하는 그 사회의 관념을 지적하고, 제시된 현실 모습에서 모순 구조를 파악하며, 영화적 의미를 스스로 창조해 나갈 것을 권하는 것이다.

드라마 '이태원 클라쓰'에서 보여 준 리더십
맨땅에 헤딩 정신 리더십

愼思之

1) '이태원 클라쓰'라는 드라마

2000년대 이후 텔레비전 콘텐츠에 대한 인식의 변화가 급격하게 다가왔다. 그 이유는 매우 다양한 매체들이 등장하면서 여러 형태의 영상물이 제작되었고, 드라마는 더욱더 다양한 부침을 겪고 있다. 디지털 기술의 발전은 지상파 텔레비전 위주의 방송 환경에 지각 변동을 일으켰다.

또 1995년부터 등장한 케이블 방송이 2000년대 중반 이후 지상파 방송과 차별화된 콘텐츠로 시청자의 이목을 집중시켰다. 이 같은 현상은 채널 인지도를 올리는 것은 물론 화제성 측면에서 영향력을 행사하기도 했다. 특히 초고속 인터넷 환경이 사회의 기본 인프라로 정착되면서 지상파 방송에 대한 젊은 세대의 이탈이 가속화되고 있는 중이다.

이러한 환경 속에서 우리에게 큰 울림을 주는 메시지가 담긴 콘텐츠를 통해 젊은이들에게 열광적인 인기몰이를 했던 드라마가 '이태원 클라쓰'다. 이태원에서 포장마차를 운영하며 밑바닥에서 최고가 되는 과정을 그린 '이태원 클라쓰'와 리더십을 연계해 보고자 한다.

보통 드라마는 장르적 특성을 나타내는 용어와 결합하여 사용된다. 예를 들어 '전쟁드라마', 'TV드라마', '법정드라마'같이 보다 개념을 정확하게 전달하는 데 쓰인다.

드라마(극, 연극)라는 단어는 그리스어로 '행동하다', '나타낸다'라는 뜻인 '드란(DRAN)'에서 유래되었다. 여기서 '행동'이라는 의미는 단순히 동작을 이어가는 것이 아니라 이루어지는 연속 동작의 행위 자체가 어떤 뚜렷한 동기와 목적을 가진 행위를 말하는 것이다. 즉 무엇인가 하려는 목적 혹은 의지를 담아서 표출이 되는 행동을 뜻하는 것으로, 그 행동 속에 행위를 하는 사람의 감정이 포함된 상태로 이루어지는 행위적 양태를 의미한다고 본다.

대개 드라마는 극(劇)으로 희극(Comedy)과 비극(Tragedy)으로 구분한다. 그리고 드라마는 배우가 인간의 행위를 모방하는 방식의 행위 표현이고, 전체적으로는 서사구조(narrative)를 갖는 특징이 있다. 더불어 서사구조를 배우가 수행(performance)하는 방식으로 작가가 전하고자 하는 메시지를 보여 주는 것이다.

또한 드라마는 경우에 따라 무대극(theatre)만을 의미할 수도 있고, 영화와 드라마 등을 포함하여 배우가 등장하는 하위 장르 전반을 의미할 수도 있다. 그리고 드라마가 전달하고자 하는 메시지의 기둥인 서사구조를 전달하는 행위로, 배우가 대사와 침묵, 연기, 춤, 음악 등의 수단을 통하여 다양하게 표현해 내는 장르다.

우리가 주목하고자 하는 드라마 '이태원 클라쓰'의 원작은 웹툰이다. 여기서 잠깐 웹툰이라는 장르를 살펴보자.

웹툰(webtoon)은 웹(web)과 카툰(cartoon, 만화)의 합성어로,

드라마 '이태원 클라쓰' 포스터

웹 만화 플랫폼을 통칭한다. 21세기 초반에 현재의 형식을 갖추기 시작하여 지금은 대한민국에서 매우 다양한 독자층을 형성하고 있다. 그리고 한류의 일환으로 세계 각국에서 인터넷을 기반으로 하는 매체들과 모바일을 통해 성장에 성장을 거듭하고 있는 영역이다.

2000년 8월 8일 천리안에서 온라인으로 만화 서비스를 제공하기 시작하면서 '웹(Web)'과 '카툰(Cartoon)'을 합하여 '천리안 웹툰'으로 명명한 것이 웹툰이라는 말의 시작이라고 알려져 있다. 웹툰은 인터넷 기반의 모바일 세계에서 대표적인 스낵 컬처 문화를 보여 주는 사례다.

인류 최초의 웹툰은 1985년에 연재된 에릭 밀리킨(Eric Millikin)의 'Witches n' Stitches'라는 작품이다.

사람들은 문자를 통해 서로 소통한다. 문자로 표현되는 소설이 일반적 스토리텔링이라면, 만화는 시각적 스토리텔링이라고 할 수 있다. 만화는 글보다 먼저 '시각'을 통해 독자에게 직관적으로 전달한다. 결국 근원적인 특징으로 보자면 만화는 이미지의 언어로 독자들에게 사랑받는 매체라고 볼 수 있다.

만화는 오랜 세월 동안 그 형태로 대중에게 다가왔으며, 항상 대중의 취향을 저격해 왔다. 최근에는 일상적인 소통의 도구로 영역의 확장이 일어나는 중이다. 문자 언어를 통해 독자의 머릿속에서 감정에 호소하는 것이 아닌, 상상을 초월하는 판타지를

최초의 웹툰 : Episode #1 of Witches n' Stitches

통해 표현에 대한 한계가 없는 세계이자 무한 확장이 가능한 영역이다. 이는 어린이들도 쉽게 이해하고 청소년, 청장년층에게도 어필이 가능한 가족형 엔터테인먼트 속성을 지닌 매체의 특징을 분명하게 보여 준다. 더욱이 웹툰은 이러한 속성을 기반으로 인터넷이라는 확장의 날개를 달고 소설과 같은 문화적 가치는 물론 무궁무진한 영역으로 가치 창출을 이뤄 내고 있다.

웹툰은 웹에서만 머무는 것이 아니라 출판물로도 인쇄되고 있으며, 영화나 드라마, 애니메이션, 게임 등 다양한 분야에서 새로운 가치를 창출하고 있다. 최근 극장가를 달구는 수많은 할리우드 블록버스터 영화들 역시 그래픽 노블 만화들을 베이스로 해당 콘텐츠의 아이디어 역할이 커져 가고 있다.

드라마 '이태원 클라쓰'는 불합리한 세상 속에서 고집과 객기로 뭉친 청춘들의 '힙'한 반란을 그린 작품이다. 세계 각국의 일상을 압축해 놓은 듯한 서울 이태원의 작은 거리에서, 각자의 가치관으로 자유를 쫓는 이들의 이야기다. 원작 웹툰이 연재된 포털 '다음웹툰'에서 누적 조회수 2.6억 건, 평점 9.9를 기록하며

웹툰 '이태원 클라쓰'의 웹페이지 타이틀

뜨거운 인기를 얻었던 작품이다. 이를 기반으로 공중파 채널이 아닌 jtbc라는 종편 채널에서 영상 콘텐츠로 소개된 작품이다.

이렇게 웹툰을 드라마로 제작한 '이태원 클라쓰'에 대해 자세히 살펴보겠다.

이 드라마는 다른 드라마나 혹은 무협지 등에서 보았던 영웅들의 서사와 비슷하다. 원수라고도 볼 수 있는 대형 요식업체 '장가'에게 가족을 잃고 좌절 속에서 헤매다가 동료들과 함께 숙적에게 원수를 갚고 성공의 골(Goal)을 이뤄 내는 서사구조를 이루고 있다.

드라마 '이태원 클라쓰'는 주인공 박새로이(박서준)로부터 시작된다. 그는 부자는 아니지만 '장가'라는 요식업계 선두기업에서 일하는 아버지(손현주)와 함께 행복하게 살고 있었다. 아버지가 다른 지역으로 발령이 나서 따라가게 된 박새로이는 전학 첫날 이호진을 괴롭히는 장근원(안보현)을 만나게 된다. 아버지의 가르침에 따라 정의감으로 살아가던 주인공 박새로이는 전학 간 첫날, 친구들을 괴롭히는 장근원을 혼내주다가 결국은 부모님까지 호출당한다.

사실 친구들을 괴롭히던 장근원은 박새로이 아버지의 직장인 '장가'의 오너 아들이었다. 불의를 보면 참지 못하던 박새로이는 결국 장근원을 때리면서, 그들의 악연은 시작된다. 장근원은 대기업 '장가' 회장의 아들로 학교에서조차 갑질을 일삼는 일진이었다. 한편, 박새로이의 폭력 행사 문제는 아버지가 퇴사하는 방식과 아들 박새로이의 퇴학이라는 어처구니없는 결론에 이르게 된다.

이러한 상황 속에서 얼마 후 아버지는 뺑소니 차량에 목숨을 잃는 사고를 당한다. 안타깝게도 이 사고의 범인 역시 장근원이라는 사실을 알고 그를 찾아가 죽이려던 박새로이는 살인미수로 감옥에 가게 된다. 그때부터 그는 복수라는 단어를 가슴에 담게 된다. 출소 이후 장가네 사람들에게 복수하기 위해 원양어선을 타기로 하면서 제법 많은 돈을 벌어 이태원에 '단밤'(달달한 밤을 보내라는 뜻)이라는 포차를 개업한다.

하지만 포차를 오픈한 이후 처음과는 달리 점점 손님이 줄어간다. 그러나 인플루언서인 조이서(김다미)의 등장과 함께 포차는 점점 번창해 나간다. 그렇지만 사랑보다 출세를 선택한 박새로이의 첫사랑 오수아(권나라)와 재회를 하게 되면서, 과거의 악연들과 자연스럽게 연결되는 상황이 벌어진다. 더불어 오수아와 장가네 사람들의 또 다른 계략 앞에 '단밤'은 다시 위기를 맞게 되면서 사랑과 악연에 대한 복수의 서사를 이어간다.

한편, 박새로이에게 완전히 빠져서 늘 사랑한다고 외치는 조이서의 천재적인 계획과 동료들의 도움으로 작은 포차였던 '단밤'은 작은 성공을 이루어 낸다. 그리고 그들은 '단밤'을 법인으로 성장시키면서 진정한 경영의 세계로 들어가게 된다. 이어서 법인 이름을 '이태원 클라쓰'로 정한다. 이 과정에서 박새로이와 조이서를 중심으로 치열하게 경영해 나가는 와중에 귀인의 투자를 받아, 업계 2위 자리를 차지하며 명성을 날리는 형태로 '이태원 클라쓰'의 위상을 높여 간다.

그러나 악연으로 이어진 '장가'에 대한 질긴 인연을 어쩔 수 없이 마주할 수밖에 없는 박새로이였다. '장가' 회장 장대희(유재명)의 끊임없는 괴롭힘에 좌절도 하고, 그뿐만 아니라 그의 아들이자 새로 전학 간 고등학교에서의 해프닝의 주인공인 장근원의 위협이 더해져 여러 번 죽을 고비를 넘긴다.

드라마 속 다양한 에피소드 중에서 '사랑'이라는 테마와 관련된 조이서의 맹목적인 사랑과 함께 자신의 영달을 위해 떠났던 첫사랑 오수아와의 관계 역시 흥미 있는 부분이다. 결국은 맹목적인 조이서의 사랑을 받아주지 않는 박새로이의 사랑과 박새로이의 연인 오수아와의 첫사랑에 대한 아련함 속에서 질투와 연민의 다양한 인간 군상들의 모습도 보여 준다. 마침내 올곧은 마음으로 박새로이에게 전심전력을 다하는 조이서의 사랑의 승리로 마무리된다.

드라마에서의 성공은 '단밤' 멤버들로 꾸려진 조직의 힘을 통해 성공이라는 꽃을 피우게 된다. 천재적인 매니저와 '장가' 오너의 서자 출신의 홀 서빙, 조폭 출신의 매장관리, 그리고 트렌스젠더 요리사와 이들을 총체적으로 이끌고 있는 리더 박새로이가 그들 조직의 멤버 전부다. 이들 조직은 결국 '장가' 오너의 서자 출신인 홀 서빙 담당인 장근수(김동희)를 제외한 나머지 멤버들 모두 힘을 합쳐 마침내 '단밤'을 요식업체 1위의 자리에 올려놓는다.

다양한 서사를 보여 주는 주인공 박새로이라는 인물에 대한 리더십은 크게 포용력과 신뢰로 볼 수 있다. 그는 장기적인 계획을 가지고 소신있게 차근차근 쌓아 올라가는 자세를 표현한다. 또한 세상에 혼자 할 수 있는 일이 많지 않음을 알고, 작은 조직이지만 팀워크를 발휘하도록 많은 노력을 기울이는 자세도 돋보인다. 다양한 경험을 통해 자체 피드백이 있는 깊은 성찰 속에서 이를 소화하여 내재화하는 과정을 거쳐 발전을 거듭하는 모습을 우리는 볼 수 있다.

또한 불가능한 것으로 보이는 시가총액 약 2,000억 원인 '장가'와의 싸움에서 결국은 승리를 쟁취하는 모습을 우리는 주목할 필요가 있다. 즉 억울한 교도소 생활과 함께 원양어선을 타는 극한의 경험 속에서 맨땅에 헤딩하는 어려운 환경 속에서 결국은 승리를 쟁취하는 과정을 우리는 반드시 되새겨 봐야 한다. 우리는 드라마의 주인공 박새로이의 리더십을 '이태원 클라쓰'라는 콘텐츠에서 배울 수 있다.

2) 삼성그룹 반도체 분야 진출에서 나타난 이건희 회장의
리더십

오늘날 삼성전자라는 거대 기업을 거느린 삼성그룹은 누가 뭐라 해도 세계적인 초일류 그룹이다. 그리고 삼성전자는 그룹의 간판이자 얼굴이고 몸통이라 할 수 있다. 삼성전자의 브랜드 가치는 2021년, 2022년 연속 두 자릿수 성장을 기록하며 '글로벌 톱 5' 위상을 보여 주었다.

2022년 11월 글로벌 브랜드 컨설팅 전문업체 인터브랜드(Interbrand)가 발표한 '글로벌 100대 브랜드(Best Global Brands)'에 따르면, 삼성전자의 브랜드 가치는 2021년 대비 17% 성장한 877억 달러(약 125조 원)로 글로벌 5위에 랭크되어 있다.

삼성전자는 탄탄한 재무성과는 물론 휴대폰, TV, 가전, 네트워크 등 전 제품에 걸쳐 브랜드 가치가 골고루 상승하였다. 특히 21세기 정보사회에서 '산업의 쌀'로 불리는 반도체의 브랜드 가치가 글로벌 데이터 사용 증대에 따라 큰 폭으로 상승했다. 반도체 부문은 2021년 20%에 이어 2022년에도 연속 두 자릿수 성장을 기록할 정도의 실적을 보여 주었다.

글로벌 상위 10대 브랜드 중 유일한 한국 기업은 삼성전자다. 2011년 17위에서 2012년 9위로 도약하며 처음 10위권에 진입한 이후 2017년 6위, 2020년 5위 등 브랜드 가치 순위는 지속적으로 상승하고 있다.

삼성전자는 브랜드 가치는 물론 경영 실적도 크게 오른 성장의 아이콘이다. 애플, MS, 아마존, 구글 등 미국 기업이 주로 포진한 상위 10대 브랜드에 포함된 유일한 한국 기업인 것 역시 큰 특징이다. 10대 브랜드 중 삼성전자를 제외한 나머지 미국 이외의 브랜드는 토요타(6위, 일본), 메르세데스-벤츠(8위, 독일)인 것을 보면, 그 위상은 새삼 언급할 필요가 없을 정도다.

아시아 동북지역에 위치한 작은 나라, 자원도 오직 인재밖에 없는 나라에서 세상을 향해 '맨땅에 헤딩 정신'을 실제로 구현해 낸 삼성그룹이다. 삼성그룹의 성장의 바탕에는 선대 이병철 회장의 탁월함도 분명 큰 동력이 되었다. 그렇지만 2대 이건희 회장의 리더십은 무엇보다 중요한 역할을 하였다

삼성전자는 1969년 매출 3,700만 원, 종업원 수 36명으로 시작한 작은 기업이었다. 출발은 미약했지만 지금은 창대하게 뻗어 나가, 1975년 세계 세 번째 국내 최초의 '순간 수상 방식 TV'인 '이코노 TV'를 선보였으며, 1983년 첨단반도체 사업에 진출하여 64K D램 개발에 성공했다.

바로 이 지점을 특히 주목해야 한다. 당시 반도체 사업에 대한 진출은 탁월한 안목과 통찰력으로 '맨땅에 헤딩'이라는 불굴의 정신으로 한 걸음 한 걸음 나아간 사람은 바로 이건희 당시 부회장이다. 삼성전자는 이건희 부회장의 전폭적인 지원 아래 1992년에는 64메가 D램을 세계 최초로 개발하는 성과를 냈으며, 1994년에는 LCD라는 디스플레이에 대한 세계표준도 삼성

의 주도로 쾌거를 올렸다. 드디어 우리나라에서도 세계표준을 제시하고 선도하는 위상을 이뤄 낸 것이다. 더불어 CDMA 이동통신시스템과 양문형 냉장고, 1기가 낸드 플래시 메모리(Nand Flash Memory), TFT-LCD 장착 컬러 휴대폰 등으로 첨단기술의 장을 여는 선도자(First Mover) 기업을 일궈 냈다.

삼성전자는 '변하지 않으면 고사(枯死)한다'는 인식과 '신경영'을 화두로 변화에 대한 적극적인 수용을 통해 변신을 거듭하면서 지속적인 성장을 이어 나갔다. 이러한 과정에서 이건희 회장은 2011년도 신년사에서 '창조와 혁신, 동반성장으로 새로운 10년을 맞이하자'는 내용을 중심으로 다음과 같은 말로 리더의 모습을 만천하에 드러냈다.

"지금부터 10년은 100년으로 나아가는 도전의 시기가 될 것입니다. 지금 삼성을 대표하는 대부분의 사업과 제품은 10년 안에 사라지고 그 자리에 새로운 사업과 제품이 자리 잡아야 합니다. 삼성 브랜드 가치를 높이고 인류의 삶을 풍요롭게 하는 일이라면 누구와도 손을 잡을 수 있어야 하고, 모자라는 부분은 기꺼이 협력하는 결단과 용기가 필요합니다. 미래를 준비하기 위해 글로벌 인재를 키우고 유망 기술을 찾아내야 합니다. 창의력과 스피드가 살아 넘치고 부단히 혁신을 추구하는 기업 문화도 구축해야 합니다."

이 말은 아마도 모든 경영학 교과서에 언급되는 전략에 대한 방향을 명징하게 표현한 것이 아닐까 한다.

결국 삼성전자의 성공 비결은 미래를 내다보는 오너의 안목 (眼目), 인재(人材) 중심의 경영 전략, 끊임없는 위기의식과 자기성찰, 거듭된 혁신, 현지화 전략으로 요약된다. 이는 이건희 회장의 리더십을 기반으로 반도체의 '반'자로 모르면서 살아온 이 민족, 이 국가에게 세계 시장을 선도하는 새로운 표준으로 자리를 잡은 '맨땅의 성공'을 이룬 것에 우리는 주목해야 한다.

더불어 우리가 이 책을 통해 콘텐츠를 활용하여 배우게 되는 리더십에 대한 지혜를 드라마 '이태원 클라쓰'의 박새로이 리더십과 비교해 가며 독자들의 마음과 생각에 지혜를 더할 수 있는 기회를 갖기를 희망한다.

그럼 여기서 반도체를 통한 이건희 회장의 성공 스토리를 정리해 보겠다. 다음은 2011년 3월 발간된 〈월간조선〉의 글을 참조하였다.

1983년 2월 8일 물끄러미 호텔 창밖을 내다보던 이병철 회장의 깊게 팬 주름에는 고단함이 묻어났다. 진눈깨비가 흩날리는 도쿄의 밤 풍경은 그의 머릿속만큼이나 어수선했다.

'진출할 것인가, 이대로 주저앉을 것인가?'

매년 일본에서 새해를 맞이하며 삼성그룹의 진로를 모색해 온 이병철 회장은 기업의 운명을 바꾼 이른바 '2·8 동경 구상' 에 몰입해 있었다.

이튿날 아침, 그는 홍진기(洪璡基) 당시 중앙일보 회장에게 전화를 걸어 "반도체, 해야겠습니다. 가급적 빠른 시일 내에 이 사실을 공표해 주세요"라고 전했다. 당시 국내 재계는 반도체 사업에 부정적이었다. 일본의 최고 기업들조차 힘겨워하는 반도체를 우리 실력으로 만들 수 없다는 입장이었다. 이런 현실 속에서 반도체 사업의 진출 선언은 한마디로 도전 그 자체였다.

이병철 회장은 반도체 사업을 '사업보국(事業報國)'의 꿈을 실현시킬 수 있는 산업이라 확신했다. 그는 이렇게 말했다.

"삼성은 언제나 새 사업을 준비할 때 그 기준이 명확했다. 국가적 필요성이 무엇이냐, 국민의 이해가 어떻게 되느냐, 또 세계시장에서 경쟁할 수 있을까 하는 것이 그것이다. 현 단계에서 국가적 과제는 '산업의 쌀'이며 21세기를 개척할 산업 혁신의 핵심인 반도체를 개발하는 것이다."

삼성전자는 사실 오래전부터 반도체 회사를 갖고 있었다. 1974년 12월, 한국 반도체 지분 50%를 50만 달러에 인수한 상태였다. 나머지 50% 지분은 미국 소규모 벤처기업인 ICII 소유였다. 당시 한국 반도체 인수 작업을 주도한 사람은 바로 이건희 동양방송 이사였다. 그 무렵 미국과 일본에서는 컴퓨터와 반도체가 화두였다. 이건희 이사는 그 흐름을 주목했고, 삼성전자 임직원들을 만날 때마다 이런 말을 자주 했다.

"IBM을 분석하세요. IBM이 무슨 생각을 하고 있는지 연구하고 IBM의 움직임을 잘 봐야 합니다. 반도체 시장의 판세를 거머쥐고 있는 IBM을 읽으면 사업의 맥을 짚어 나갈 수 있습니다."

반도체라는 씨앗은 결코 남에게 빼앗길 수 없는 종자(種子)였다. 이건희 이사의 이 같은 결단은 결과적으로 '반도체 신화'의 씨앗이 됐다.

그러나 반도체 회사 인수 당시 기술 수준은 그야말로 형편 무인 지경이었다. 가장 큰 약점은 자체 설계 능력이 없다는 것이었다. 삼성반도체는 그룹의 미운 오리로 낙인 찍혀 있었다. 심지어 삼성반도체로 발령이 나면 회사를 퇴직하겠다는 직원들도 많았다. 당시 상황은 최악을 넘어 모든 것이 악순환의 연속이었다.

보다 못한 이병철 회장이 팔을 걷어붙이고 나섰다. 그는 삼성반도체의 가장 큰 문제점으로 '경험 부족'을 들었다. 이병철 회장은 미국과 일본을 방문하면서 반도체 전문가들을 수도 없이 만났다.

손자(孫子)는 "패할 수 없는 싸움, 필승이 보장된 싸움만 하는 것이 진정한 의미의 명장(名將)"이라고 했다. 이병철 회장이 그랬다. 자신이 확인하고 또 확인한 것을 직원들에게 철저히 검토시킨 후 계획을 수립하도록 했다. 성공할 수 있다는 확신이 들 때 사업을 시작했다.

1983년 3월 15일, 이병철 회장은 언론을 통해 반도체 사업 진출을 공식 발표했다. 삼성전자는 기흥 부지를 확보하고 언론 홍보를 통해 범국가적 지원 체제를 유도했다. 이병철 회장은 삼성전자의 첫 번째 메모리 제품으로 'D램'을 택했다. 규모의 생산력에 승부를 걸기로 한 것이다.

이병철 회장은 곧바로 삼성석유화학에 근무하던 성평건 소장을 기흥반도체 초대 공장장으로 임명했다. 이병철 회장은 성 소장에게 "6개월 만에 공장 건설을 완료하라"고 지시했다. 6개월은 불가능한 공사기간이었지만 반도체 사업은 시간과의 싸움이었다. 당시 64K D램은 세계 시장에서 없어서 못 팔 때였다. 이병철 회장은 호황이 끝나기 전에 시장에 진입해야 성공할 수 있다고 판단한 것이다.

이병철 회장의 경영 수완이 발휘된 것은 이때였다. 그는 어느 날 공장 건설 현장을 불쑥 방문해서 수수께끼 같은 질문을 던졌다.

"장비를 운반해 오던 배가 만약 태평양 한가운데에서 침몰했을 때 자네들은 어떻게 할 텐가?"

아무도 대답하지 못하자 이병철 회장의 설명이 이어졌다.

"그럴 때 바로 회의가 필요한 거다. 대체할 만한 장비가 다른 곳에 있는지, 없으면 어떻게 만들 것인지를 모두가 머리를 맞대고 의논해야 한다. 급할 때일수록 회의가 유용한 법이다."

그 해 12월 1일, 삼성이 중대 발표를 한다는 소식에 기자들이 회견 장소에 속속 도착했다.

"설마 64K D램? 아니겠지? 6개월밖에 안 됐잖아?"

잠시 후 강진구 사장이 준비해 온 보도자료를 읽기 시작했다.

"64K D램을 개발했습니다. 6개월 만에 생산·조립·검사까지 모든 공정을 완전히 개발했습니다. 미국과 일본에 비해 10년 이상 뒤졌던 한국의 반도체 기술 수준을 4년으로 좁혔습니다."

삼성의 64K D램 개발 성공은 한국의 기술력을 세계에 과시한 기적 같은 소식이었다. 오랜 기간에 걸쳐 사업 기반을 확보한 미국과 일본 업체 입장에서 보면 기가 막힐 노릇이었다. 여기에는 미국 현지법인 이상준 박사와 이종길 박사, 이승규 부장 그리고 국내 연구진 등 20명으로 구성된 64K D램 프로젝트 팀의 숨은 노력이 결정적이었다.

64K D램 개발은 우리도 반도체를 할 수 있다는 자신감을 안겨준 첫 번째 대사건이었다. 이병철 회장의 염원이었던 사업보국의 꿈을 실현할 반도체 신화의 웅장한 서막이었다. 당시의 이건희 부회장은 묵묵히 선대 회장을 도와 반도체를 향후 원대한 삼성 그룹의 또 다른 모태로서의 길을 차분히 갈고 닦고 있었다.

바로 '혁신(Innovation), 초일류로 가자!'라는 마음속의 위대한 목표를 지니고 한 걸음 한 걸음 내딛고 있었던 것이다. 그의 목표는 '시장은 없다, 다만 만들어 갈 뿐'이라는 길을 걸어가고자 한 것이다.

2005년 출시된 보르도 TV는 당시 삼성전자를 세계 1위로 올려놓는 데 혁혁한 공을 세운다. 2001년 8월, 도쿄 오쿠라 호텔에 윤종용(尹鍾龍) 부회장, 이윤우(李潤雨) 반도체총괄사장, 이학수(李鶴洙) 구조조정본부장, 황창규(黃昌圭) 메모리 사업부장이 속속 모여들었다.

이병철 선대 회장이 지금의 삼성전자를 세계 초일류 기업으로의 도약을 이끌었던 반도체 사업 진출을 결심했던 바로 그 호텔이었다.

"시장할 텐데 음식점으로 갑시다."

이들을 기다리고 있던 이건희 회장은 호텔 근처 음식점으로 자리를 옮겼다.

이건희 회장이 삼성전자 핵심 수뇌부를 긴급 호출한 까닭은 일본 도시바(Toshiba)가 극비리에 제안한 '합작개발'을 받아들일 것인지, 아니면 독자노선을 갈 것인지를 결정하기 위해서였다.

낸드 플래시 메모리(전원 없이도 데이터를 계속 저장할 수 있는 메모리의 일종) 원천기술 특허를 보유하고 있으며 세계시장 점유율 46%를 차지하고 있던 일본 도시바의 제안은 2위 업체였던 삼성전자(메모리 세계시장 점유율 26%)로서는 매력적이었다. 이건희 회장은 노심초사하며 결론을 내리지 못했다. 당시 모였던 수뇌부들과 이건희 회장의 대화는 다음과 같이 진행되었다.

이건희 회장 일행이 이동한 곳은 도쿄 긴자에 있는 음식점 '자쿠로'였다. 이건희 회장은 자리에 앉자마자 황창규 사장에게 말을 걸었다.

"황 사장, 도시바 제의를 어떻게 생각합니까?"

당시 삼성은 도시바의 낸드 플래시 메모리 관련 제휴 제의를 수용할 것인지 말 것인지 결정해야 하는 상황이었다. 도시바는 2001년 6월 D램 사업을 정리하면서 낸드 플래시 메모리 사업

일본 도쿄 긴자(銀座)에 있는 음식점 자쿠로

에 승부수를 걸고 삼성에게 제휴를 제의해 왔다. 도시바는 낸드 플래시 메모리 원천기술 특허를 보유하고 있었고, 당시 세계 시장 점유율(46%)도 삼성전자(26%)에 훨씬 앞서 있었다.

황창규 사장의 대답은 "낸드 플래시는 우리 회사가 수종사업 으로 키워 온 핵심 프로젝트입니다. 독자적으로 추진하는 것이 바람직하다고 봅니다." 이어지는 이건희 회장의 질문은 "경쟁사 에 비해 기술 수준은 어떻습니까?" "지금은 뒤지지만 수년 안 에 따라잡을 수 있습니다"라는 황창규 사장의 대답이 있었다.

이건희 회장은 이쯤에서 뭔가 생각하는 듯한 모습이었다. 잠 시 뒤 이건희 회장은 "도시바를 앞지를 방법이 있습니까?"라고 물었고, 황창규 사장은 "나름대로 방안이 있다"고 답했다.

황 사장은 이미 1990년대 중반 메모리연구소장 시절부터 "향후 메모리 시장은 플래시 메모리가 좌우할 것"이라며 독자적으로 사업을 할 수 있도록 준비했다. 짧은 문답이었지만 이건희 회장은 결론을 내렸다.

"도시바가 기분 나쁘지 않게 정중하게 거절하고 우리 페이스대로 나갑시다."

이 모임에서 삼성은 새로운 수익원으로 떠오르고 있는 플래시 메모리 사업의 방향을 결정했다.

이른바 '자쿠로 회동' 이후 10년 가까이 세계 최대 메모리 업체로 발돋움한 삼성전자가 차세대 반도체 사업인 낸드 플래시 메모리에서 새로운 도전을 시작한 것이다. 이른바 '자쿠로 회동'이라 불리는 이날 모임은 삼성전자의 새로운 수종사업으로 떠오른 플래시 메모리 사업의 방향을 정하는 중요한 미팅이었다. 이날 회동은 'D램 신화'에 이은 '플래시 메모리 신화'의 시작이었다.

드디어 맨땅에 헤딩 정신이 서서히 빛을 발하며 혁신의 깃발이 떠오르기 시작한 중요한 지점이었다. 이후 삼성전자는 1년 만에 일본 도시바를 추월했고, 3년 후에는 세계시장 점유율 58%라는 경이적인 수치를 기록했다.

이 같은 성과를 올릴 수 있었던 것은 '자쿠로 회동' 당시 힘을 발휘한 경영진의 놀라운 결단력 때문이었다. 또한 그룹 핵심 인사들의 자신감 있는 통찰력과 과감한 승부를 던지는 이건희 회장의 결단이 없었다면 플래시 메모리 사업은 일본의 그늘에 눌려 있었을 것이다. 아니 지금의 삼성전자는 없었을 것이고, 이건희 회장의 리더십은 지금과는 다른 위상으로 추락하였을지도 모르는 일이다.

플래시 메모리의 신화는 삼성이 자체 양성한 해외박사 1호인 임형규 수석에서 비롯됐다. 그는 1984년 7월 플래시 메모리의 원조격인 16K EEP를 개발했다. 이후 시장성 있는 기술에 눈을 돌렸다. 임형규 수석은 마스크롬(메모리 반도체의 일종)에 주목했다.

임 수석은 기술의 사업성을 항상 염두에 두었다. 이 같은 방향은 선대 회장인 이병철 회장의 평소 지론 때문이었다. 이병철 회장은 이런 말을 자주 했다.

"기술적으로만 완벽한 제품이 아니라 사업성이 있는 제품을 만들어야 한다. 연구원이라고 해서 연구실에 틀어박혀 연구만 했다가는 시대에 뒤떨어질 수밖에 없다. 이제 연구원들도 사업을 알아야 살아남는 세상이다."

삼성전자는 세계 최초로 1기가 플래시 메모리 개발에 성공했다. 하지만 환호는 오래가지 못했다. 내다팔 시장이 없었기 때문이다. 또 한 번 맨땅에 헤딩하는 정신을 발휘해야 할 시점이었다.

2003년 10월 9일, 이건희 회장 주도로 열린 '반도체 특별전략회의'는 반도체 사업에 있어 세대교체를 공식적으로 결정한 회의였다. 이때부터 삼성전자는 본격적으로 모바일형 복합 메모리칩 개발에 들어갔다. '삼성전자 없이 모바일 혁명은 불가능하다'

는 자신감을 갖고 사업을 추진해 나간 것이다.

2006년 12월 11일, 미국 샌프란시스코에서 개막한 세계반도체학회인 'IEDM(국제전자소자학회)'에서 당시 반도체 총괄을 맡고 있던 황창규 사장은 "D램과 S램을 하나로 합친 512메가 원디램 개발에 성공했다"고 발표했다. 이후 삼성전자는 플렉스-원낸드(Flex-OneNAND) 메모리를 개발했고 모바일 시장을 장악해 나가기 시작했다.

플렉스-원낸드 개발 소식을 접한 세계적인 IT기업 관계자들은 하루가 멀다 하고 삼성전자를 방문했다. 삼성전자는 이들에게 비빔밥을 대접하며 이렇게 말했다.

"한국을 대표하는 음식이라면 흔히 김치와 불고기를 꼽지만 비빔밥도 그에 못지 않습니다. 다양한 재료를 선택적으로 넣을 수 있는 비빔밥은 한국 문화가 반영된 고객친화적 음식입니다. 소문난 비빔밥집은 끊임없이 새로운 재료를 섞어 가며 더욱 맛있는 비빔밥을 창조해 냅니다. 식생활이 다른 외국인을 고려해 그들 문화의 비빔밥도 만들 수 있어요. 삼성전자가 퓨전반도체 시장을 선도할 수 있는 배경도 이와 같습니다."

플래시 메모리는 디지털카메라가 필름 대신 플래시 카드를 사용함으로써 본격적으로 성장했다. MP3와 모바일 기기가 대중화되면서 플래시 메모리 시장은 더욱 커졌다. 이후 삼성전자는 당시 꿈의 저장장치라 불리는 SSD(하드디스크드라이브에 비해 빠른 속도와 소형화가 가능한 저장장치) 개발에도 힘을 쏟고 있었다. SSD 수요

처가 기존 PC에서 디지털기기로 다양화될 것이란 판단에서였다.

삼성전자는 시장의 창조자이자 개척자가 되기 위해 끊임없이 연구개발을 하고 있다. 눈앞의 기름진 음식만 즐기다 뚱뚱해진 고양이는 쥐를 잡지 못한다는 사실을 잘 알고 있기 때문이다.

지금까지 우리는 드라마 '이태원 클라쓰'에서 박새로이가 보여 준 것과는 비교할 수 없는 실제 경영 사례를 살펴보았다. 이건희 회장을 통해 얻을 수 있는 《중용》 신사지(愼思之)에 대하여 배울 수 있는 기회를 갖게 된 것이다.

이건희 회장이 보여 준 리더십은 바로 리더십의 완성을 위해서는 《중용》의 핵심 요체인 신사지의 자세라고 볼 수 있다. 즉 신사지의 자세에서 우리는 신(愼)과 사(思)에 주목해야 한다. 신(愼)은 홀로 있을 때도 도리에 어그러지는 일을 하지 않고 삼간다는 신독(愼獨)을 상기하면 된다. 사(思)는 생각이라는 마음밭에서 인간은 온갖 작물(作物)을 기르고 거두는 행위를 통해 스스로를 채근하는 데 필요한 행위로 볼 수 있다.

따라서 신사지의 자세는 자신을 둘러싸고 있는 주변 환경에 대해 신뢰를 확보하기 위한 자세를 스스로도 구축하여야 한다는 것이고, 더 나은 성숙을 이루기 위해서는 반드시 통찰력을 갖추어야 한다는 것이다. 리더로서 조직 혹은 무리를 지휘하면서 신뢰가 바탕이 되어야 하는데, 거기에는 먼저 열린 자세와 솔선수범하는 행동이 있어야 한다. 결국 이는 자연스럽게 본인의 자세와 태도를 통해 주변 사람들에 대한 바른 평가와 교육, 통찰력을 갖추어야 하는 것이다.

바로 이것을 이건희 회장은 훌륭한 리더로서 미래에 집중하되 사람을 먼저 생각하고 현실적으로 결과를 만들어 낸 인물로서 반도체 사업을 통하여 우리에게 보여 주었고, 또 삼성전자를 이끌어 온 것이라고 평가하고 싶다.

3) 드라마 '이태원 클라쓰'와 이건희 회장 리더십의 근원인 신사지(愼思之)

여기서 변화의 물결이 격랑을 일으키고 있는 지금 리더들에게 묻고 싶다.

"'당신에게 《중용(中庸)》이라는 인문학의 고전이 주는 의미는 무엇인가?"

필자는 감히 조선시대 성군 중 한 분인 정조임금의 '때에 맞는 중용'이라는 의미의 "시중(時中)의 시(時)에 주목한다"는 말을 전하고 싶다.

'중용'이란 지금 내가 서 있는 이 자리에서 어느 한쪽에 치우치지 않는 적절한 균형점을 찾는 과정이고 실행이고 노력이라는 의미를 담고 있다. 결국 정조임금이 언급한 '때에 맞는 중용'이라는 의미는 '시중(時中)의 '시(時)'자를 통하여 시중(時中)이 무엇인지 알아도 실천하기는 쉽지 않음을 보여 준다. 항상 조심하고,

삼가고, 두려워하며, 걱정하는 '계신공구(戒愼恐懼)'의 자세로 언제나 정성을 다해야 함을 표현한 것이다.

'중용'에는 정답이 없기도 하지만 정답이 있는 귀한 가르침임이 분명하다. 그래서 스스로 늘 부족한 점이 없는지를 반성하며 '내가 더 정성을 다해야지'라고 다짐하는 마음가짐으로 노력해야 한다. 이는 항상 신사지(愼思之)의 자세를 갖출 것을 권하는 것으로 보인다.

앞에서 살펴본 정조임금의 중용에 대한 관점을 당시 석학 중의 석학 다산 정약용(丁若鏞) 선생은 이렇게 설명했다.

"중용(中庸)에서의 시중(時中)이라 함은 사물의 마땅한 법칙은 때에 따라 각기 다르기에 마치 저울에 물건을 올려놓으면 물건의 무게에 따라 추가 달리 멈추는 것과 같습니다. 따라서 군자로서 중용을 실천하고자 한다면 당연히 시중해야 합니다."

이는 과유불급(過猶不及)의 과(過)도 아니고 불(不)도 아닌 그 어느 지점이라는 의미일 것이다.

이를 기반으로 인문학적·철학적 의미로 조금 더 깊이 들어가보자.

유(有)의 상대적인 의미인 무(無)의 존재 이전에 유무(有無) 모두를 아우르는 초월적 유(有)를 생각하면 된다. 노자의 허(虛)를 말하는 것으로도 볼 수 있다. 또한 불교의 공(空)을 말하는 것으로 필자는 이해하고 있다.

따라서 《중용》에서 리더의 핵심 요체인 "박학지(博學之)하고 심문지(審問之)하고 신사지(愼思之)하고 명변지(明辨之)하고 독행지(篤行之)하라"는 말을 바탕으로 드라마 '이태원 클라쓰'와 이건희 회장의 반도체 사업을 통한 '맨땅에 헤딩 정신'에서 리더의 모습을 살펴야 한다. 그리고 이 승리를 완성하기 위한 리더의 내면적 성찰 중의 한 가지로 신사지(愼思之)에 주목하여야 할 것이다.

신사지(愼思之)에서의 '신(愼)'은 삼가다, 신중(愼重)하다, 근신(謹愼)하다, '사(思)'는 생각하다, 그리고 '지(之)'는 가다라는 뜻을 갖고 있다. 즉 절제가 있으면서 생각을 통한 실행의 길을 가는 것으로 보아도 무방하다. 또한 경영학적 관점에서 말하는 통찰력 중의 하나라고도 볼 수 있다. 유연함이 있으면서 결단력이 있는 혜안을 지니고, 전심전력을 다해 실행하는 자세로 보아도 좋다. 필자는 이 신사지를 상호 신뢰를 바탕으로 이루어진 리더십의 발현이라고 판단하였다.

상호 신뢰(mutual trust)라는 부분은 성(誠)을 이루기 위하여 성(性), 도(道), 천명(天命)에 진력을 다하고, 이를 근간으로 '박학지(博學之), 심문지(審問之), 신사지(愼思之), 명변지(明辨之), 독행지(篤行之)'를 하는 과정에서 성취가 가능하다. 더욱이 우리가 주목한 드라마 '이태원 클라쓰'는 작은 조직이지만 서로 신뢰를 구축하는 지난한 과정을 거쳤다. 그런 다음 비록 '장가'의 서자로 처음에는 함께했지만 결국 다른 길을 간, 작은 조직을 이루는 구성원들 간의 신뢰는 물론 리더인 박새로이와의 신뢰를 통해 완벽한 상호 신뢰라는 핵심 요소의 구체화가 이루어진 것이 분명하다.

이건희 회장은 반도체 사업을 놓고 전심전력의 자세로 많은 생각과 깊은 고찰 속에서 그와는 별개로 참모들의 다양한 관점을 수렴하여 최종적으로 과감한 결단을 내리는 리더의 모습을 발현해 냈다. 이 같은 결단의 밑바탕 역시 상호 신뢰라는 것이 있기에 가능했다고 본다.

앞에서 언급한 삼성전자 반도체 사업 역시 상호 신뢰라는 굳건한 믿음 속에서 이루어졌다. 당시 황창규 사장의 결연한 자세와 이건희 회장의 신사지(愼思之) 자세를 통해 발휘된 통찰력을 기반으로 상호 신뢰 속에서 유연함이라는 또 다른 리더십을 통해 내린 과감한 결단이었다.

그럼 이건희 회장의 리더십을 경영학적 관점에서 살펴보기로 하자.

'성공적인 결단'이라는 리더십을 발현할 때는 먼저 의사결정이 가치 창출이라는 목적에 부합해야 한다. 두 번째는 상호 협력을 통해 함께 성장하는 형태로 조직을 이끌어야 한다. 세 번째는 합리적이고 현실적인 방안을 강구하여야 한다. 네 번째는 통찰력을 갖고 이에 대한 실현이 경영 현장에서 이루어지도록 전력을 다하여야 한다. 다섯 번째는 이 모든 것을 기반으로 자기계발에 적극적인 자세를 지녀야 한다.

이건희 회장은 이 모든 역량을 통해 '조화(調和)'라는 중용의 도(道)를 구체적으로 실천해 보였다. 또 과감한 결단과 뛰어난 통찰력을 바탕으로 유연성을 가지고 의사결정을 했다. 이 같은 리더십의 발현은 보다 진일보한 지혜의 현장으로 우리를 이끌어 주었다고 할 수 있다.

4) N차 관람을 권하는 드라마 '이태원 클라쓰'에서의 리더십 명장면

N차 관람은 대중문화 현장에서 유행되어 온 현상 중의 하나다. 즉 N차 관람이란 같은 영화, 공연, 전시 등을 한 번 보는 것에 만족하지 않고 여러 차례 반복해서 보는 것을 말한다.

필자는 이러한 문화현상을 '배움'이라는 키워드와 융합시키는 것이 좋겠다는 생각이다. 넘치고 넘치는 콘텐츠의 홍수 속에서 우리가 원하는 배움의 지혜를 투영해 볼 수 있는 기회를 갖기를 희망하기 때문이다.

한 번의 관람을 통해 그 콘텐츠가 갖고 있는 다면적인 지혜를 잘 이해하기는 어렵다. 따라서 나의 지혜의 창고 속에 진정한 지혜로 자리 잡기를 바란다면 한 번 보고 난 후 반복해서 해당 콘텐츠를 감상하길 권한다.

오래전부터 대중문화에서 N차 관람이 이루어진 분야는 영화다. 1990년대 후반부터 팬덤 현상으로 나타난 N차 관람은 '여

고괴담 두 번째 이야기'(1999), '왕의 남자'(2005), '후회하지 않아' (2006), '신세계'(2013), '아가씨'(2016), '아수라'(2016), '보헤미안 랩소디'(2018), '헤어질 결심'(2022) 등이 대표적이다. 여기서 필자는 세 번 이상 본 영화도 있다.

이제 드라마 '이태원 클라쓰'에서 되짚어 봐야 할 장면들을 살펴보겠다.

먼저 두 장면, 즉 박새로이에게 장근원의 아버지 장대희가 보여 주는 갑질 장면과 갑질에도 꿋꿋이 자신의 신념을 표현하는 박새로이에게서 리더가 가져야 할 '신념의 내재화'의 중요성과 자신의 정체성을 어떻게 구축하고 발현하는가를 알아보자.

'장가'의 오너이자 대표인 장대희는 자기와 오랜 시간 같이 일한 새로이 아빠 박성열의 아들이 주인공인 박새로이라는 것을 알게 된다. 그리고 나름 선처랍시고 박새로이의 퇴학은 면하게 해 주겠다고 한다. 그러나 그 조건으로 자기 아들 장근원에게 무릎을 꿇고 사죄할 것을 요구한다. 이에 대해 박새로이는 장대희에게 당당히 "잘못을 했다면 벌을 받아야 하고, 저희 아버지는 세상을 소신 있게 살아야 한다고 가르쳐 주셨습니다"라고 대응한다.

잘못도 인정하고, 또 그에 대한 벌도 감내하겠지만, 잘못의 시발이 된 장근원에게 사과는 할 수 없다면서, 무릎은 꿇을 수 없다고 자기 소신을 밝히는 박새로이. 이 모습은 아버지로부터 배운 삶의 자세에 대하여 내재화된 신념을 잘 보여 주는 장면이다. 신념의 내재화를 통하여 자신만의 아이덴티티(정체성)를 잘 보여 주는 리더의 싹을 엿볼 수 있는 순간이다.

한편, 리더는 혼자만의 길을 청하는 사람이 아니다. 따라서 리더를 추종하고 함께 갈 수 있는 조력자는 필수적인 요소다. 목표를 향하여 함께 간다는 의미는 경영을 하고자 하는 리더의 입장에서는 매우 중요한 전략적 무기가 될 수 있다.

'백지장도 맞들면 낫다'는 속담이 있다. 또 같은 의미를 가진 고사성어로 중경역거(眾擎易擧), 고장난명(孤掌難鳴), 독장난명(獨掌難鳴) 등이 있다.

중경역거와 고장난명은 '손바닥도 혼자서는 소리를 내지 못한다'는 뜻이고, 혼자서는 일을 이루기가 힘들다는 의미다. 또 같은 의미지만 약간 다른 표현인 독장난명은 '외손바닥은 소리가 나지 아니한다'는 뜻으로, 역시 혼자 힘으로는 일을 이루기가 어렵다는 것이다.

드라마에서 박새로이가 원대한 계획을 진행하는 가운데 조력자(조이서)와 만나는 장면이 있다. 두 사람의 만남은 매우 중요한 포인트다. 이 든든한 조력자라는 존재는 리더십 발현에 있어 믿음을 통해 상호 신뢰의 대상임과 동시에 목표를 점령하기 위한 기초적인 주춧돌을 다지는 순간이다.

리더와 조직원과의 상호 신뢰는 무엇보다 중요하다. 이 같은 신뢰의 출발은 개혁이라는 커다란 화두를 실현시킬 수 있도록 하는 원동력이자 추진력이다. 따라서 개혁의 갈망을 성취하기 위해서는 반드시 상호 신뢰를 구축하여야 하며, 이에 대한 현황 파악은 열린 자세로 상대의 의견을 경청하는 것부터 시작하는 것이다.

박새로이와 함께하는 동료들에게 조이서는 가게가 갖고 있는 문제점들을 하나하나 짚어 준다. 위생 문제, 메뉴판, 조명 효과, 그리고 동선을 감안한 자리 배치 등을 언급한다. 스스로 매니저라는 직책에 대한 정의를 내리고 자신의 역할에 대해 타당성을 확보하는 모습이다.

리더는 경영 활동 중에 많은 의사결정의 순간을 맞는다. 그 상황에서 늘 옳은 결정을 내릴 수는 없다, 다만 옳은 결정이 되도록 스스로 노력하고 고뇌를 통한 통찰력이 나타날 수 있도록 최선을 다해야 한다. 이에 대한 기본 지혜로는 리더가 신독(愼獨)의 중요성을 알고 실천하는 일도 포함되어야 할 것이다.

사실 신독(愼獨)은 대학(大學) 제6장 성의(誠意)편에 "자는 홀로 있을 때 도리에 어긋남이 없도록 몸가짐을 가지런히 하고 언행을 삼간다"는 의미로 실려 있는 말이다.

유학의 거두 퇴계(退溪) 이황(李滉) 선생의 좌우명도 '신독'이었다. 그리고 우리나라 광복을 위해 상해 임시정부 수반으로 큰 활약을 한 백범(白凡) 김구(金九) 선생의 좌우명 역시 '신독'이었다. 우리에게 많은 영감과 지혜의 길을 제시한 선현들이 좌우명으로 삼을 정도면 격변의 시대를 살고 있는 리더라면 아주 좋은 나침반으로 삼아도 좋을 가치 있는 경구라고 본다.

《중용》에서 신독(愼獨)은 "도(道)가 잠시라도 나에게서 떠나 있으면 도(道)가 아니다. 그러므로 군자는 누가 보지 않더라도 경계하고 삼가며, 그 듣지 않더라도 두려워하고 염려하는 자세"라고 이르고 있다.

"막현호은 막현호미 고 군자신기독야(莫見乎隱 莫顯乎微 故 君子愼其獨也)"라는 말은, 숨어 있는 것보다 더 잘 드러나는 것은 없고, 작은 것보다 더 잘 드러나는 것은 없으니, 군자는 혼자 있을 때 더욱 삼가서 자신의 마음을 다스려야 한다는 뜻이다.

이와 같은 자세는 리더의 모습에서 발현되어야 한다.

다음은 '장가' 회장 장대희와 박새로이와의 대화다.

"자네, '장가' 주식을 샀더군!"

"우량주 아닙니까? 괜찮은 투자라고 생각했습니다."

"다 무너져가는 '장가'에 투자를 한 이유가 뭔가?"

그러자 박새로이는 이렇게 대답한다.

"믿었습니다. 브랜드 이미지는 실추되었을지 몰라도 '장가'의 가치, 본질이 달라진 건 아니었으니까요."

다시 장 회장은 묻는다.

"8년 전 투자는 그렇다 치고, 오늘 아침에 한 투자는 무슨 의도지? 6억가량 넣었더군. 무슨 의도야?"

"제가 꽤나 신경 쓰이시나 봐요. 8년 전과 같은 맥락입니다."

우리는 이 장면에서 리더라면 위기에 대응하는 자신만의 노하우 혹은 솔루션이 있어야 한다는 것을 볼 수 있다. 이는 평소 신사지(慎思之)에 대한 습득과 연마를 통해 나타날 수 있다. 이건희 회장의 반도체에 대한 과단성 있는 결단같이 장 회장의 단도직입적인 질문에도 자신만의 신사지를 연마한 박새로이의 대답은 애매모호하다. 이것이 박새로이가 지닌 리더의 모습이며, 이는 자기계발의 결과에 대한 모습이라고 할 수 있다. 즉 위기 상황에 대한 다양한 시뮬레이션 중의 하나로 대처하는 리더의 모습에 주목해 볼 필요가 있다.

위기 상황에 대해 리더는 반드시 해결 솔루션을 갖고 있거나, 아니면 이 위기 상황을 견딜 수 있는 충분한 자금을 확보해 놓거나, 아니면 위기 이후의 기회를 대비해 여유 있고 담대한 자세를 지녀야 한다.

한편, 리더는 조직을 구축하고 방향을 제시하고 함께 이끌어 가는 역할을 하는 사람이다.

다음은 이 같은 역할을 충실히 수행하는 박새로이의 모습이다.
장근원에게 커피를 뿌린 뒤 도망치는 조이서. 그러나 얼마 도망가지 못하고 근원에게 붙잡혀 폭행을 당한다. 주변 사람들에게 도움을 청하지만, 돈다발을 뿌리는 장근원 때문에 모두 외면하는 상황이 연출되면서 조이서는 곤경에서 빠져 나오지 못한다.

때마침 근처를 지나던 박새로이는 장근원에게 주먹 한 방을 메다꽂는다. 이어서 두 사람(리더 박새로이, 팔로워 조이사)은 대화를 나눈다.

조이서는 아픈 것은 아랑곳하지 않고 "사장님, 제가 다 녹음했어요. 이걸로 여론몰이를 하면 재수사도 가능할 수 있어요."

그러나 박새로이는 조이서의 말은 듣지 않고 장근원의 폭행으로 조이서의 얼굴에 난 상처만 걱정할 뿐이다.

리더가 보여 주는 조직원의 안위에 대한 진심 어린 걱정은 팔로워들에게 자발적인 노력과 경영 활동에 대한 창발(創發)을 이루는 힘의 원동력이다. 경영자로서 믿음을 갖고, 또 그 믿음을 눈에 보이도록 행동하는 자세를 가져야 함을 알려 준다.

'맨땅에 헤딩을 하는 것'도 도전의 한 전략으로 활용하고 이를 경영 활동에서 직접 사용하는 정주영 회장의 방식이다. 그렇지만 문제 해결을 전심전력의 자세로 힘과 용기를 다하여 팔로워들에게 사기를 고양시키고, 리더와 조직원 간의 상호 신뢰를 구축하여 이를 통해 성공을 이끌어 내는 과정으로 승화시키는 모습도 연상이 가능한 장면이다.

이러한 리더의 모습은 우리가 주목한 신사지(愼思之)라는 리더십의 핵심 요체를 통하여 확보한 상호 신뢰의 모습을 보여 주는 것이다. 따라서 리더를 추구하고자 한다면 이 같은 것들을 익히고 생각할 수 있는 N차 관람도 우리가 스스로에게 줄 수 있는 작은 혜택이며, 체득의 기회라고 생각된다.

다음은 복수를 위한 가치의 내재화를 올바른 방향으로 전환하는 장면이다. 리더는 잘못을 깨달았을 때는 언제라도 물러날 수 있는 용기가 있어야 한다. 아마도 이러한 용기는 리더와 조직원 간의 상호 신뢰가 바닥에 단단히 깔려 있어야 할 수 있는 것이다. 신뢰라는 기저 속에서 잘못에 대한 철회를 과감히 내뱉는 박새로이를 보면서 리더의 자리에 있는 사람 혹은 리더가 되고자 하는 사람이라면 물러서는 용기도 체화할 수 있는 자기수양이 선행되어야 한다는 것을 느끼게 된다.

악의 축이랄 수도 있는 장대희는 "왜 이러는가? 자네의 그 소신, 패기는 다 어디 가고 고작 이깟 일에 무릎을 꿇는가? 결국 힘에 눌린 꼴이 아닌가 말이야!"

이에 박새로이는 이렇게 응수한다.

"회장님 기분은 어떻습니까? 이렇게 무릎 꿇리니 기쁩니까? 통쾌합니까? 지금껏 복수심으로 꾸역꾸역 살아왔죠. 장가 회장 장대희! 원수! 내 인생을 지옥으로 처넣은 인간! 동시에 대단한 남자! 가치관은 달라도 인정할 수밖에 없었던 적! 저는 당신의 뒤를 쫓아서 온 생을 걸었었죠. 이 싸움 그만한 가치가 있다고 생각했습니다. 그런 남자가 고작 인질극에 기대서 무릎을 꿇어라. 이따위 추악한 늙은이를 뒤쫓아 십수 년 그 시간이 한스럽기 그지없다 이겁니다."

이와 같은 다양한 상황 속에서 리더십을 표출해야 할 지점을 감지할 수 있다. 이는 생각의 단초를 제공하는 것이며, 이러한 부분이 바로 N차 관람의 의의가 아닐까 싶다.

우리는 드라마를 시청하면서 드라마가 주는 작은 기쁨, 주인공의 입장에서 환희와 기쁨, 고난을 함께 느껴보는 감정이입, 주인공의 성공에 따른 카타르시스와 같은 즐거움에 빠질 수 있다. 또한 다양한 시각에서 주요 포인트를 잡아 나름의 세계 속에서 상상의 나래를 펼쳐 볼 수 있는 기회를 갖는다. 이러한 작은 기쁨은 N차 관람의 효능이고, 우리는 'N차 관람'이라는 방식을 통해 이러한 기쁨을 좀 더 느껴보는 것도 좋을 것이다.

영화 '머니볼(Moneyball)'에서 보여 준 리더십

새로운 차원의 전략자원을 활용하는 리더십

明辨之

1) '머니볼'이라는 영화

2002년은 우리에게 많은 시사점을 던져 준 귀중한 한 해였다. 우리나라로서는 21세기 첫 대규모 행사로 한일 월드컵 경기가 열렸다. 이는 우리 역사에서 2000년대를 상징하는 자랑스런 이벤트였고, 우리의 열정과 흥분 그리고 경외심을 가질 정도의 에티켓을 보여 준 쾌거였다.

바로 이러한 시점에 지구 반대편 미국 캘리포니아의 어느 도시에서는 이런 기적이 만들어지고 있었다. 2002년 월드컵은 축구였지만 이곳에서의 기적은 바로 야구였다. 이 기적 같은 실화를 바탕으로 당시 최고 미남 배우이자 섹시 가이 브래드 피트 주연의 '머니볼(Moneyball)'이라는 영화가 제작되었다.

영화는 2002년 미국 프로야구 오클랜드 애슬레틱스 구단에 빌리 빈(브래드 피트)이라는 새 단장이 부임해 오는 것에서부터 시작된다.

미국인들에게 야구는 여러 가지 면에서 독특한 특징을 지닌 스포츠다. 야구는 기술과 타이밍 그리고 열정, 전략이라는 매력 요소들을 최상으로 조합하여 운용되기 때문이다. 이와 같은 특징을 가진 야구는 미국인들에게 강한 정신적 연대감과 영향력으로 오랜 시간 매력 있는 스포츠이자 생활로 자리 잡았다.

미국에서 MLB(메이저 리그 베이스볼)의 의미는 다른 나라 사람들이 보고 느끼는 것과는 결이 다르다. MLB는 미국(캐나다 포함)을

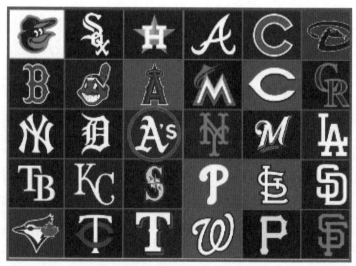

MLB 각 팀의 심벌. 'O'는 애슬레틱스 심벌이다.

MLB의 로고 심벌

포함한 전 세계에서 최상위 야구 실력자들의 프로야구 리그를 말한다. 전 세계 모든 야구선수들의 꿈의 무대이기도 하다. 또 연봉만으로도 프로야구 리그 중 최고(最高) 중의 최고로, 그 규모와 위상은 우리의 상상을 초월한다.

미국 프로야구 구조를 보면, 최상위에 MLB(major) 리그가 있고, 하위에 트리플 에이 리그를 포함한 마이너 리그도 존재한다. 마이너 리그는 부상 당한 MLB 선수 혹은 유망주들이 MLB에 올라가기 위한 야구선수 인력풀(Pool)이라고 보아도 무방하다.

MLB에는 아메리칸 리그와 내셔널 리그가 있다. 아메리칸 리그에 15개 팀, 내셔널 리그에도 15개 팀이 있으며, 2023년 현재 미국 연고 29개 팀과 캐나다 토론토 연고 1개 팀이 있다.

지금부터 우리가 주목할 영화 '머니볼(Moneyball)'의 배경이 된 오클랜드 애슬레틱스 팀은 MLB 아메리칸 리그 서부 지구 소속의 프로야구단이다. 연고지는 캘리포니아 주 서부 샌프란시스코만 동쪽 연안에 있는 도시 오클랜드다. 팀명은 필라델피아 애슬레틱 클럽에서 유래하였으며, 약자는 A's(에이스), 통산 월드 시리즈 9회 우승에 빛나는 명문 팀이기도 하다. 한때는 슈퍼 스타 군단으로 군림하던 때도 있었다.

그러나 1990년대 중반부터 구단주가 예산을 줄이면서 스몰 마켓으로 운영되는 작은 규모의 구단으로 알려져 있다. 하지만 저예산에도 불구하고 메이저 리그에서 가장 유명한 빌리 빈 단장 체제에서 꾸준히 좋은 성적을 낸 것으로도 유명하다.

이러한 배경 지식을 가지고 리더십에 대한 이야기와 함께 살펴볼 영화 '머니볼'에 대해 간략하게 정리해 보겠다.

영화 '머니볼'은 재정이 아주 취약한 야구단의 신임 단장으로 빌리 빈이 부임하면서 시작된다. 막대한 자금을 바탕으로 우수한 인재들로 야구판을 평정하던 관행을 깨고 세이버메트릭스(sabermetrics)라는 새로운 기법을 오클랜드 애슬레틱스 팀에 적용하여, 연봉은 낮지만 출루율이 좋은 선수들로 팀을 리빌딩해가는 과정을 그린 영화다.

메이저 리그 만년 최하위 팀인 오클랜드 애슬레틱스는 성적이 형편없었다. 구단의 재정 역시 최악이었다. 그 와중에 괜찮은

영화 '머니볼' 포스터

선수들마저 재정이 탄탄한 구단에 빼앗기는 상황이 이어졌다.

MLB를 지배하는 말 중에 '돈이 승리를 가져온다'라는 말이 있다. 우수한 프로선수의 몸값은 천문학적이다. 따라서 재원이 넉넉한 구단은 시합 중에 뛰는 선수가 아니어도 상대방 팀에 꼭 필요한 선수를 못 나오게 하기 위해 데려고 오는 경우도 있다. 바로 자금이 넉넉함을 보여 주는 승리의 방정식 중 하나다.

재정이 열악한 구단이 여럿 있지만, 특히 재정이 너무 형편없는 오클랜드 애슬레틱스의 빌리 빈 단장은 위기에 빠져 고민을 거듭하는 상황이었다. 그런데 우연히 빌리 빈 단장 앞에 구세주 같은 한 남자가 나타난다. 바로 예일대에서 경제학을 전공한 피터 브랜드(조나 힐)라는 인물이다. 그는 MLB 구단들이 사용하는 우수선수 판단 기준을 뒤엎는 새로운 방식으로 소위 '머니볼(Moneyball)'이라는 이론을 주장한다.

다소 파격적인 '머니볼 이론'은 출루율이라는 데이터에 집중하여 해당 데이터값에 무게를 두고 선수들의 실력을 판단하는 프로그램 이론이다. 즉 출루율을 선수 개인별로 산출하여 매년 예상되는 성적을 구하는 방식이다. 이름값이나 단순한 과거 성적을 기준으로 하는 것이 아니라, 실질적으로 나타나는 안타를 제조할 수 있는 확률과 실제 경기 중에 표출된 통계 수치를 가지고 게임 전략을 수립하고 실행하는 방식이다.

좌완 투수에게는 좌타자를 내세우는 것도 역시 같은 맥락의 분석이랄 수 있다. 승부 결과를 오직 해당 찬스에 필요한 선수의 데이터로 승부수를 던지는 전략으로 경기에 임하는 것이다. 기존 스카우터들은 직관과 경험을 바탕으로 선수들을 평가하고 선발해 왔다. 이 같은 선발 기준은 나이, 외모, 성격 등 선수를 향한 기초 데이터가 들어가겠지만, 스카우터들 역시 사람인지라 주관적 견해와 편견이라는 왜곡이 작동할 수밖에 없는 것이 현실이다.

그러나 머니볼 이론은 전혀 다르다. 오직 나타난 데이터만을 신뢰하고, 선수를 통한 게임의 승리가 아니라 데이터를 기반으로 벤치가 운용하는 전략을 통한 승리를 취하는 방식이다.

우리의 주인공 빌리 빈 단장은 피터 브랜드의 '머니볼'이라는 획기적인 이론이 재정도 열악하고 승리에 목마른 팀을 구원할 솔루션임을 직감한다. 그는 이 방식이 바로 수렁에 빠진 팀을 구원해 줄 거라고 믿고, 구단 내의 모든 반발을 물리치고 피터를 영입하여 그의 이론을 실행할 수 있도록 방패가 되기로 한다. 빌리 빈 단장의 스타일은 거침이 없다. 그는 결정에 있어서 전혀 머뭇거림 없이, 오직 직진만을 실천하는 행동가였다.

드디어 팀 리빌딩을 위한 내부에서의 전투에 돌입하는 순간이 왔다. 시즌이 시작되기 전 스카우터와 코치진들이 모인 회의 자리엔 긴장감이 감돈다. 빌리 빈이 마주하고 있는 스카우터와 코치진들은 모두 미국 프로야구에서 잔뼈가 굵은 사람들이었다. 그들은 단장에게 자신들의 경험을 내세워 불평을 늘어놓으며 팀 리빌딩에 대한 갈등의 소용돌이를 일으키고 있었다.

사실 야구는 자본주의 스포츠라고 일컬어지고 있다. 그것도 미국 프로야구, 특히 MLB는 돈이 곧 승리라는 방정식이 작동하는 대표적인 스포츠다. 승리를 위하여 유능한 선수를 영입하는 돈 많은 구단이 당연히 이길 확률이 높은 것은 당연했다.

자본이 곧 시장 점유율을 차지하는 경영 현장에서도 종종 보아 온 모습이다. 어떤 사업이든 대기업이 해당 시장에 뛰어들면, 중소기업은 자본력에 밀려 시장을 빼앗기는 현상을 우리는 현실 속에서 너무도 많이 경험했다.

빌리 빈 단장에게 구단 수뇌부들은 영세한 재정으로 선수 구성에 한계가 있음을 토로하며 단장의 리빌딩 계획을 달가워하지 않는다. 하지만 단장은 '머니볼 이론'을 적용하여 선수 선발에 있어, 자칫 냉혹하게 보이는 측면도 있지만, '저비용 고효율'을 슬로건 삼아 가능성을 오직 과거의 발자취가 남긴 숫자로 판단하는 방식의 머니볼 이론을 적용하여 착착 진행해 나간다.

이는 기존과는 완전히 다른 방식이었지만 예상 밖의 효과를 나타낸다. 오직 경기에서 좋은 데이터를 기록한 선수라면 사생활 문란, 잦은 부상, 최고령 등의 이유로 다른 구단에서 외면받던 선수들을 주축으로 리빌딩을 해 나간다. 이유를 모르는 사람들이 본다면 낙동강 오리알 신세가 된 선수들을 선발하는 기이한 상황을 보게 되는 것이다. 선발되는 그들조차도 빌리 단장에게 "저를요? 왜요?"라는 말로 의아함을 나타낸다.

드디어 시즌이 시작된다. 그러나 안타깝게도 오클랜드는 연패의 수렁에 빠진다. 심지어 1등하고는 10게임 이상 벌어진 꼴찌를 달리는 처지에 놓인다. 피터와 함께 '데이터 야구'를 표방한 빌리 빈 단장은 언론으로부터 수많은 비난의 화살을 맞는다. 더군다나 시즌 전 의견 충돌로 인해 구단을 떠났던 이전 스카우터들까지 성토에 가담해 빌리 단장을 곤경으로 내몰았다.

그런 와중에 몸값이 높은 '지암비 선수'가 경기에 지고 자숙해도 모자를 판에 선수단 라커룸에서 음악을 크게 틀어 놓고 춤을 추며 즐긴 것이다. 이를 본 빌리 단장은 야구방망이를 집어 던지며 고함을 지른다. 선수들이 조용해지자 그는 "경기에 지면 분위기가 이래야 한다"면서 돌아선다.

그리고 단장은 무언가를 결심한 듯 다른 구단에 전화를 건다. 자기 잘난 맛에 춤을 추고 분위기를 망친 '지암비'를 트레이드시키고, 자판기에서 음료수를 뽑는데 1달러를 내야 하는 것에 불만을 터뜨리던 '페냐' 역시 트레이드시킨다. 특히 '페냐'를 다른 팀에 보내는 대신 페냐를 받는 타이거스 구단이 오클랜드에 3년간 음료수 값을 대는 조건까지 성사시킨다. 이 일로 단장은 아트 하우 감독과도 마찰을 일으키게 된다.

이후 빌리 단장은 팀의 리빌딩을 위한 전략가로 영입한 피터와 함께 머니볼 이론의 근간인 데이터 야구를 신봉하는 방식으로 리빌딩을 진행해 나간다. 물론 아트 하우 감독과는 여전히 으르렁거리는 사이로 지낸다.

선수 하나하나에 대한 데이터를 분석하고, 그 분석을 통해 선수들의 장단점을 끄집어 내어 오로지 출루라는 목표를 향해 선수들을 설득하고 조련한다.

"출루하면 이기는 것이고, 출루하지 못하면 지는 거야!"라는 빌리의 말을 중심으로 구단은 데이터를 중시하는 야구로 전력 투구한다. 그리고 서른일곱 살 노장 선수 '저스티스'를 설득하여 선수들의 리더 역할을 요청한다.

드디어 작은 결실이 보이기 시작한다. 선수들의 자세가 달라지고, 그 분위기는 이후 경기에서 7연승을 일궈 낸다. 비웃음을 짓던 언론들도 구단의 연승을 언급하면서 감독의 능력을 치켜세운다.

드디어 15연승을 이뤄 내면서 아메리칸 서부지구의 선두로 치고 올라가 팀 분위기를 고조시키며 16연승을 달성한다. 그러자 사람들은 연승을 이뤄 낸 배경을 궁금해하며 이유를 찾고자 한다. 16연승의 비결이 선수들의 능력이나 감독의 벤치 운영 능력이 아니고 무언가 있을 거라는 것이다.

한편, 팀은 계속해서 18연승, 19연승, 그리고 드디어 아메리칸 리그 사상 최초로 20연승 고지를 눈앞에 두게 된다.

20연승의 고지가 보이는 2002년 9월 4일 캔자스시티와의 경기가 드디어 펼쳐진다. 경기 초반에는 11대 0으로 리드해 간다. 그런데 어느덧 경기 스코어는 11대 11 동점으로 캔자스시티의 추격을 허용한다. 손에 땀을 쥐게 하는 순간이다. 드디어 9회 말 경기가 시작된다. 마지막 공격에서 점수를 내지 못하면 경기는 연장으로 들어가는 상황이다. 눈앞에 어른거렸던 20연승 고지가 날아가기 일보 직전이다. 누구도 경기의 무게를 감당하기에 버거운 상황이다.

이때 단장과 끊임없이 갈등을 야기한 아트 하우 감독은 드디어 결단을 내린다. 1년 계약이라는 부담을 갖고 있던 그는 그 기간에 위험을 안고 가는 것을 싫어하는 것은 당연했다. 그러나 결정적인 순간에 주전 1루수 페냐에 밀려 경기에 자주 나서지도 못하던 후보 선수 해티버그(크리스 프랫)를 대타로 타석에 내보낸다. 빌리 단장의 반대를 무릅쓰고 타구단의 포수지만 팔꿈치 부상을 입어 아무도 관심을 갖지 않던 선수였지만 출루율이 높아 팀의 1루수로 영입한 해티버그 선수를 타석에 내세운 것이다.

승부를 가를 주사위는 던져졌다. 이제는 다 부서졌다고 여겨진 팔로, 그는 아무도 예상하지 못했으나 그 순간만큼은 누구나 간절히 바랐을 홈런을 터트렸다. 상대팀 투수의 공을 향해 해티버그는 힘차게 방망이를 휘둘렀다. 공은 하늘 멀리멀리 날아갔다. 바로 끝내기 홈런으로 20연승의 깃발을 드높였다.

빌리 빈의 믿음에 제대로 보답하는 가슴 먹먹한 장면이었다. 영화 제목인 '머니볼'에 대한 의미가 무엇인가를 제대로 관객들에게 보여 주는 장면이기도 하다. 이 장면을 통해 관객들에게 전달하고자 했던 메시지를, 주인공은 아니지만 해티버그를 통해 관객들에게 카타르시스를 느끼게 하는 결정적인 장면을 장식했다. 그러나 팀은 마지막 블로를 터뜨리지 못하고 아쉽게 포스트 시즌에서는 탈락하게 된다.

그 후 아쉬워하는 빌리에게 레드삭스 구단에서 연락이 온다. 그의 운영 방법을 배우기 위해 스카우트를 하고 싶다는 의사를 나타낸다. 빌리는 피터와 거액의 스카우트 건에 대해 의논한다. 그 결과는 예상대로였다. 두 사람은 팀을 사랑하기에 그대로 남기로 결정한다.

한편, 감상에 젖은 채 도로 위를 달리는 빌리 빈의 승용차 안에서 그의 어린 딸이 녹음한 팝송 '더 쇼(The Show)'가 흘러나온다. 미국 프로야구 메이저 리그(MLB)의 영세 구단인 오클랜드 애슬레틱스 단장인 빌리 빈이 대형 구단 보스턴 레드삭스의 구애를 거절하기까지의 고뇌를 보여 주는 장면이기도 하다.

마지막으로 영화 '머니볼'에서는 이들이 머니볼 이론을 활용한 공헌을, 그리고 역시 우승을 한 번도 못한 레드삭스는 빌리와 피터의 머니볼 이론과 실전을 통해 배운 분석 통계를 이용하여 구단 최초로 우승컵을 들어올렸다는 뒷이야기도 전한다.

2) 넷플릭스가 OTT 서비스로 보여 준 데이터에 대한 통찰력 리더십

지금은 정보가 넘쳐나고 기술은 하루가 다르게 발전을 거듭하고 있다. 그리고 무한경쟁의 파고 속에서 우리 목을 누르고 있는 시대다. 기업은 기업대로, 개인은 개인대로 각자의 영역에서 이미 무한대의 경쟁을 벌이고 있다. 하나의 경쟁을 무사히 치러 내면 또 다른 경쟁이 펼쳐지고, 하나가 아닌 그 이상의 복합적인 경쟁도 펼쳐지는 것이 현실이다.

필자는 386세대다. 그 당시만 해도 대학 신입생은 여유롭게 낭만을 즐겨도 큰 문제가 없던 시절이었다. 그러나 지금 세대는 다르다. 신입생 때부터 학점을 어떻게 관리하고, 앞으로 어떤 진로를 선택할 것인지, 어떤 직장을 구할 것인가를 고민하고, 그 고민 속에서 경쟁을 이어가고 있다.

경쟁에서 이기고 생존을 쟁취해야만 하는 끝이 보이지 않는 경쟁의 시대, 아니 초경쟁의 시대를 살고 있는 세대에게 과연 무엇이 이 시대에 맞는 성공 요인일까? 백가쟁명(百家爭鳴)의 시각에서 다양하고 복합적인 해답이 존재할 것이다. 그러나 필자는 성공 요인의 첫머리에 바로 통찰력(Insight Power)이 자리를 잡아야 한다고 본다.

통찰력이란 사물이나 현상을 꿰뚫어보는 능력으로, 흔히 '관찰력' 또는 '안목'이라고도 한다. 현재 보고 있는 것 너머의 그

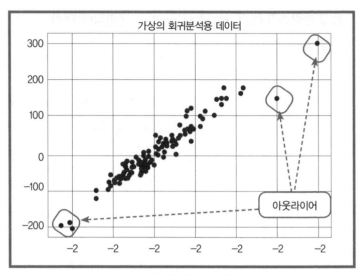

그래프로 표현한 '아웃라이어' 예시

무엇인가를 보고 감지하고 이해할 수 있는 힘을 말한다. 보이는 것을 그대로 판단할 수 있는 능력과 함께 그 너머의 보이지 않는 부분까지 보고 이해하고 감지하여 이를 바탕으로 판단할 수 있는 능력인 것이다.

경영학도 입장에서는 통계적으로 유의미한 데이터만 보는 것이 아니라 무의미한 것으로 보이는 아웃라이어(outlier)를 볼 수 있는 힘 정도로 표현하는 것이 가능하다. 여기서 말하는 아웃라이어란 '본체에서 분리되거나 따로 분류되어 있는 물건', '표본 중 다른 대상들과 확연히 구분되는 통계적 관측치'를 뜻한다.

이 책에서도 콘텐츠에 관한 이야기가 많은 부분을 차지하고 있다. 이유는 빅데이터 시대이기 때문에 데이터에 대한 인식을 새롭게 바라보는 것이 일반적인 현상이기도 하다. 따라서 우리가 주목할 부분은 바로 빅데이터를 활용한 리더십이다.

소셜미디어, 모바일, 사물인터넷, 클라우드, 빅데이터 분석(기계학습) 등이 아주 친근하면서도 무섭게 다가오고 있는 현실에서, 이를 활용하여 사업을 혁신하고 비즈니스를 차별화하여 혁신의 길로 들어선 기업을 살펴볼 필요가 있다. 이 같은 혁신을 비즈니스의 차별화 포인트로 삼아 성공한 사례로는 메리어트호텔, 해러스카지노, 넷플릭스 등의 기업을 꼽고 있다. 이 기업들은 모두 데이터 분석이라는 도구를 통해 데이터가 창출해 내는 가치를 활용하여 성공한 경영 사례로 보인다.

메리어트그룹의 핵심 전략은 다양하고 세분화된 브랜드를 통해 고객의 니즈에 정확하게 대응하는 것이다. 이러한 차별화 전략은 타 숙박 전문기업이 쉽게 모방할 수 없는 중요한 경쟁력이다. 즉 탁월한 데이터 분석과 과학적인 가격 결정 기술이다. 호텔 숙박, 그리고 관광산업 같은 서비스업은 첨단 기술과 거리가 멀다고 생각할 수 있다. 그러나 메리어트그룹은 독특한 운영 기법을 연구하여 차별화를 이루었다.

이 사례를 자세히 살펴보면 서비스업에서도 데이터를 활용한 기술력이 어떻게 기업 경쟁력에 있어서 커다란 차별화를 이룰 수 있는지를 알게 될 것이다. 메리어트그룹의 데이터 분석을 통한 의사결정 문화가 바로 차별화의 원동력이자 출발점이라는 것을 알 수 있다.

미국 라스베이거스의 카지노업계를 양분하고 있는 MGM과 해러스그룹의 카지노 호텔 체인 시저스 팰리스 호텔을 살펴보자. 이 두 기업 가운데 MGM은 '가족들이 찾는 곳'이라는 목표를 설정하여 볼거리를 제공하며 주로 관광객을 유치하는 전략을 기업 차별화의 승부수로 설정하였다.

반면 해러스그룹의 카지노 호텔 체인 시저스 팰리스 호텔은 MIT 교수였던 게리 러브맨을 최고경영자로 영입하여, 카지노를 즐기려는 고객에게 집중하는 전략을 차별화 전략의 핵심으로 사용하였다. 도박을 통해 삶의 희열을 느끼고, 고객에게 뭔가 의미를 준다는 근거를 가지고 출발한 것이다. 그 결과 2009년 시저스 팰리스 호텔 매출은 MGM의 1.5배, 순이익은 1.2배라는 경영 성과를 올렸다.

바로 CRM(고객관계관리경영, Customer Relationship Management)이라는 전략이다. 이는 데이터를 활용하여 차별화 포인트를 확보하는 것이다. CRM이란 고객과의 커뮤니케이션 관리 및 고객의 눈높이에 맞는 마케팅 활동으로, 공급자인 기업과 수요자인 고객과의 관계를 기반으로 각자 추구하는 가치를 상승하는 방향을 찾아내어, 수요자인 고객 생애 가치(LTV, life time value)를 향상시킨다는 개념이다.

이를 위해 사용되는 시스템 및 다양한 도구들은 고객 니즈의

해러스그룹의 시저스 팰리스 호텔(Caesars Palace Hotel) 로비

변화에 대응할 필요성이 커진 환경에서 니즈의 변화를 감당하고 활용하고 가치 제안을 구성하여 제공한다. 이러한 제공으로 기업 경쟁력의 핵심 요소인 차별화를 만들어 낸 것이다. 바로 기존의 데이터는 물론 눈에 보이지 않는 데이터들을 활용하여 새로운 고객을 끌어들이고 기존 고객을 유지하는 방식을 창출한 것이다. 바로 데이터 분석을 통해 대응하고 차별화 전략을 수립하는 것을 말한다.

이와 같은 데이터라는 전략적 자원을 활용하여 빅비즈니스를 펼친 사례로 넷플릭스는 압도적인 교훈을 주었다. 넷플릭스의 성공 사례는 발생하고 있는 모든 데이터에 대한 분석을 활용하여 얼마나 올바르게 사용해야 하는가를 보여 주었다. 바로 데이터의 활용이라는 전략적 운용이 비즈니스의 성패를 가를 수 있음을 보여 준 케이스다.

지금은 넷플릭스가 사용한 '디지타이징(Digitizing) 비즈니스'를 기업의 전략으로 채택하는 것이 필수다. 다만 이를 채택한 결과로 확보한 반응 속도와 방식을 자신이 속한 산업의 특징과 그 안에서의 경쟁적 포지션 등을 확보하는 데 있어서 이를 얼마나 유용하게 사용하는가에 대한 문제만이 중요한 것이다. 이를 사용하는 것은 당연한 것이고, 어떻게 사용하느냐가 비즈니스의 성패를 가르는 중요한 차별화 포인트다.

바로 이 지점에서 리더십의 발현이 필요하고, 우리는 통찰력에 주목해야 한다. 즉 통찰력을 바탕으로 다가올 상황에 대한 예측과 이를 분석하고 활용하는 추진력을 갖추어야 한다. 그리고 이것의 근원에는 통찰력이라는 리더십이 있어야 한다.

물리학 양자역학에서 많이 언급되는 이론 중에 '불확정성 원리(不確定性原理, Heigenberg's uncertainty principle)'라는 것이 있다. 독일 물리학자 베르너 하이젠베르크가 제안한 이 원리는 운동량에 대한 불확정성 원리인데, 입자의 위치와 운동량은 동시에 정확히 측정할 수 없다는 것을 말한다. 이는 위치가 정확하게 측정될수록 운동량의 퍼짐(또는 불확정도)은 커지게 되고, 반대로

운동량이 정확하게 측정될수록 위치의 불확정도는 커지게 된다고 한다. 이와 같은 이론은 양자역학에서 많이 활용된다.

이 이야기를 언급한 것은 바로 불확정성에 대한 개념이 경영 현장에서 다가올 미래에 대한 통찰력의 리더십이 반드시 필요한 핵심 요소임을 강조하기 위함이다. 물리학은 존재하는 모든 물질에 대한 근원적 원리를 다루는 학문이다. 즉 물리학이라는 학문에서 사물에 대한 관점의 불확실성을 보여 주는 이론이다.

따라서 리더라면 조직을 이끌면서 과연 조직에 닥쳐올 미래에 대한 통찰은 어떻게 해야 하는가에 대한 길을 일러준다고 생각한다. 즉 모든 미래의 기저에는 필연적인 불확실성이 존재하고, 이러한 현상 속에서 리더는 반드시 통찰력을 지녀야 하는 당위성도 자연스럽게 구축된다고 생각한다.

불확정적인 미래는 항상 다가온다. 그 파고는 더욱 더 커질 것이 자명하다. 따라서 그 파고를 넘기 위한 대응책으로 반드시 통찰력을 갖추어야 하고, 이러한 통찰력을 기르기 위한 노력을 경주해야 한다.

지금 4차 산업혁명이라는 개념이 핫 이슈지만, 이 같은 현상을 이미 경험한 국가 혹은 기업들은 그 단계를 지나 '이를 어떻게 활용하여 어디에서 어떤 가치를 창출할 수 있을까?'를 고민하고 있다. 4차 산업혁명에 있어서 가장 중요한 핵심 요소는 빅데이터라는 '21세기 원유'가 원동력이자 출발점이다.

여기서 언급한 '디지타이징'이라는 것은 아날로그 신호를 디지털 신호로 변환하는 프로세스를 말한다. 좀 더 쉽게 말하면, 이미지인 경우 스캐닝과 A/D(Analog/Digital) 변환 프로세스를 통하여 다양한 형태의 새로운 데이터를 창출하는 것이다. 즉 아날로그로 이루어진 것들을 활용 가능한 데이터로 변환시키는 작업이라고 보면 될 것이다.

빅데이터와 연관된 리더십에서 가장 중요한 핵심은 '디지타이징'이라는 행위를 비즈니스 현장에서 사업을 혁신하기 위해 활용하는 방법이고, 이를 경영 현장에서 실행하기 위해 필요한 부분들이다.

첫째 '무슨 일이 어떻게, 왜 일어났는가?'에 대한 출발점에서 시작한다. 둘째 '무슨 일이 일어나고 있고, 최선의 대응 방안은 무엇인가?'를 고민하고 연구하고 탐색한다. 셋째 '무슨 일이 일어날 것인가?'를 분석하고 예측하는 일을 수행한다. 넷째 '최선의 상황을 만들기 위한 최적화 방안(action)은 무엇인가?'를 통해 실행한 솔루션을 확보하고, 이를 실행하는 것이다.

이와 같은 과정에서 비즈니스 문제를 경험이나 감이 아닌 데이터 분석을 바탕으로 접근해야 하는 것이다. 그리고 리더가 평소 업무와 관련해 데이터 분석과 활용을 강조하는 문화가 정착되어야 한다.

또한 중요한 의사결정을 할 때 팔로워들이 데이터에 근거해서 토론하고 의사소통을 하여 최선의 방책을 이끌어 내는 조직문화를 형성해야 한다. 더불어 기업 내에서 생산되는 데이터를 체계적으로 수집·관리 및 활용 방안을 강구하는 시스템 역시 구축하는 것도 절대적으로 필요하다.

이어서 제품 및 운용 서비스를 디지털화하여 새로운 추가 데이터를 양산하여 활용할 수 있어야 한다. 그 외에도 데이터를 보유하고 있는 외부 기관과 제휴하고 네트워크를 구축해야 한다. 그리고 보다 다양한 관점과 시계열적 흐름을 파악할 수 있는 다양한 데이터를 확보해야 한다. 마지막에 리더는 이들을 통합하여 구축한 시스템으로 문제 해결을 위해 사내외 데이터를 종합적으로 활용하는 통찰력을 지녀야 한다.

우리가 주목한 넷플릭스는 오프라인의 공룡기업에 맞서 분석의 잠재력을 잘 인식해 수치화하기 힘든 고객 취향을 분석해 이를 적극적으로 활용하였다. 이는 빅데이터의 활용을 통해 통찰력을 발휘한 전형적인 사례로 볼 수 있다. 다양하게 생성되는 데이터를 분석하여 전략을 수립하고 활용해서 얻은 파급효과는 기업이 속해 있는 산업에 따라 다르게 나타난다. 다만 확실한 것은 고객과 경쟁에 대한 다양한 정보가 존재하는 분야에서는 다른 산업 분야보다 상대적으로 더욱 필요할 것이다.

특히 마케팅과 고객 서비스 분야에서 고객의 욕구를 경쟁자보다 잘 파악하고, 이를 실행 전략에 반영하여 보다 개선된 형태로 고객의 니즈를 만족시키는 상품(서비스)을 제공하는 분야는 더욱 그럴 것이다.

넷플릭스의 빅데이터 활용: 고객의 참여를 높이는 전략 실행

이 같은 분석을 통해 성공한 사례는 많다. 제조업 혹은 물류 분야에서도 그런 방식으로 높은 성과를 올린 사례를 쉽게 찾을 수 있지만, 감성적인 분야, 즉 패션 분야는 감성에 대한 데이터화 작업에 어려움이 있다. 하지만 해내야 한다. 이러한 분야일수록 데이터 분석을 활용하여 보다 확실하고 차별화된 경쟁 우위를 확보할 수 있는 잠재력은 충분하다.

체계적인 방법으로 정확하게 데이터를 수집한다면, 분석의 장점을 살려 지속적인 경쟁 우위의 확보와 유지가 가능하다. 또한 이를 올바르게 사용한다면 조직의 목표인 경영 성과를 도출해내는 데 지름길이 될 것이다.

디지털 동영상 스트리밍 서비스를 제공하는 넷플릭스, 디지털 음원 스트리밍 서비스 기업인 스포티파이(Spotify), 전자책을 서비스하는 아마존 킨들(Kindle) 같은 기업들은 공통점을 가지고 있다. 이 기업들은 오프라인 채널에서 소비되던 콘텐츠를 온라인 채널인 인터넷 또는 모바일 통신망을 이용해 소비자에게 제공한다는 점이다. 이와 같은 유형의 신규 서비스 사업들은 기존의 콘텐츠 소비에 대한 개념을 완전히 바꾸는 새로운 패러다임을 창조하였다.

넷플릭스는 구독자에게 유무선 인터넷 연결이 가능한 디바이스(device)를 통해 넷플릭스가 보유하고 창작하고 투자하는 다양한 영상 콘텐츠(드라마, 영화, 다큐멘터리, 애니메이션 등)를 서비스하고 있다. 시간적·공간적 제약을 모두 극복하고 구독자의 시간과 공간에 맞춰 제약 없이 이용하는 형태의 새로운 사업이다.

2021년 말 기준으로 넷플릭스는 전 세계 약 190개국 2억 2,180만 명의 구독자를 확보하고 있다. 결국 넷플릭스는 21세기의 총아로 자리매김한 미디어 콘텐츠를 통해 최고의 영향력과 파급력을 제공하는 기업으로 성장한 것이다. 이러한 원동력은 데이터를 새로운 사업으로 끌고 온 결과다.

넷플릭스는 1997년 온라인 DVD 대여사업으로 시작한 기업이다. 전직 수학교사이면서 소프트웨어 프로그래머인 리드 헤이스팅스과 마케팅 전문가인 마크 랜돌프는 소프트웨어 개발업체인 퓨어 소프트웨어(Pure Software)를 함께 운영하다가 래셔널 소프트웨어(Rational Software)에 회사를 매각하면서 넷플릭스가 세상에 모습을 드러낸다.

넷플릭스는 인터넷을 의미하는 'NET'과 영화관을 의미하는 'Flicks'를 합성한 이름이다. 회사 이름이 보여 주듯 넷플릭스는 온라인 DVD 대여사업으로 출발했다.

1998년 미국 캘리포니아 스콧 밸리(Scotts Valley)라는 지역에서 30여 명의 직원과 지금은 과거의 유물이 된 '비디오 대여사업'을 시작으로 DVD 대여와 다양한 영상에 대한 스트리밍 서비스를 함께 제공했었다. 그러나 현재는 온라인 스트리밍 서비스를 주로 제공하고 있으며, 콘텐츠에 대한 투자도 활발하게 진행되고 있다.

사업 초창기에는 넷플릭스 역시 시장에서 최대 경쟁력을 지니고 있던 블록버스터(Blockbuster)처럼 DVD를 대여하고, 대여 요금을 받는 요금제(Pay-per-rental)로 운영하였다. 다만 대여 서비스 방식은 인터넷 홈페이지와 우편 시스템을 활용한 것이 특징이라면 특징이었다. 즉 고객이 넷플릭스 웹사이트에서 보고 싶은 영화를 선택하면, 그 DVD를 고객에게 우편으로 배달하고, 소비자가 영상을 본 후에 DVD를 넷플릭스가 회수하는 방식으로 운용하였다.

경쟁사인 블록버스터 역시 대동소이한 운영 방식으로 진행하였다. 그러나 넷플릭스는 경쟁사와의 차별성을 확보하기 위해 월 일정액 구독료를 내는 요금제 방식으로 개선했다. 즉 요금을 지불한 고객에게 최대 4편을 무기한 대여하는 방식의 새로운 서비스로 구독형 서비스를 실시한 것이다.

이러한 구독형 서비스를 통해 얻은 다양한 데이터를 분석하고 발전시켜 2000년에 이르러서는 연체료 없는 월 구독료로 요금제를 완전히 바꿨다. 이는 넷플릭스에게 커다란 기회를 가져왔다. 소비자 입장에서 '연체료가 없는 요금제'는 매우 매력적이면서도 차별화된 경쟁 우위 요소였다. 이로써 많은 고객들이 넷플릭스 서비스 상품에 주목하게 되었고, 이를 바탕으로 확보한 사업 성과는 2002년 5월 '나스닥 상장'이라는 쾌거를 올렸다.

그러나 다른 경쟁사들도 가만 있지 않았다. 매달 자금이 확보되는데 보고만 있을 리가 없다. 월마트, 아마존 같은 대형 유통업체들도 온라인 DVD 사업에 진출한 것이다. 이는 자연스럽게 넷플릭스의 경쟁력에 흠이 가기 시작하는 상황을 초래했다.

이후 넷플릭스는 블록버스터 같은 경쟁사들의 막대한 마케팅 전략에 블루오션이 레드오션이 되어 가는 경영 환경을 맞게 된다. 이로 인해 넷플릭스는 기존의 우편배달을 통한 DVD 대여 사업은 경쟁사들과의 경쟁에서 차별적 우위를 확보할 수 없음을 인식했다. 다시 새로운 차별화 전략을 고민하던 넷플릭스는, 당시에는 다소 시기 상조였던 비디오 스트리밍 기술에 대한 타당성 및 가능성을 검토하기 시작했다. 그 결과 새로운 가능성을 인식하고 기존의 비즈니스 모델을 새로운 형태인 스트리밍 서비스 개념이 들어간 OTT(Over The Top) 서비스의 초기 버전인 비즈니스 모델로 전환을 시도했다. 완전히 새로운 차별회된 경쟁 우위 요소를 확보하는 과정으로 들어선 것이다.

드디어 2007년부터 기존 고객을 대상으로 'Watch Instantly (즉시 시청)'라는 이름으로 동영상 스트리밍 서비스를 제공하기 시작했다. 이것은 넷플릭스 구독자는 별도로 비디오 파일 다운로드, 시청 횟수, 시간 등의 제한 없이 웹사이트에서 희망하는 콘텐츠를 추가 요금 없이 시청할 수 있는 서비스를 말한다. 이를 통해 넷플릭스는 많은 신규 고객을 유치하고, 새로운 블루오션을 열게 된 것이다. 이 사업을 런칭한 2007년에는 가입자 수 750만 명을 기록하고, 온라인 동영상 스트리밍 서비스 시장을 창출했으며, 이를 통해 새로운 시장을 선점하기에 이르렀다.

그리고 2009년에는 DVD 대여업계 절대 강자인 블록버스터를 매출에서 앞서는 전환점을 맞았다. 2010년에는 드디어 월 정액 구독형 OTT 서비스로 구축된 비즈니스 모델로 모두 전환했으며, 2012년에는 콘텐츠 자체 제작은 물론 투자사업에도 직접 진출했다.

또한 2011년에는 남아메리카 43개국(브라질, 볼리비아, 칠레, 에콰도르, 페루, 베네수엘라, 멕시코 등), 2012년에는 영국, 아일랜드, 스칸디나비아 4개국(덴마크, 핀란드, 노르웨이, 스웨덴), 2013년에는 네덜란드, 2014년에는 유럽 6개국(프랑스, 독일, 오스트리아, 벨기에, 스위스, 룩셈부르크), 2015년에는 일본, 호주, 뉴질랜드, 그리고 2016년에는 우리나라와 싱가포르, 타이완, 홍콩, 인도, 파키스탄 등에 진출했다. 명실상부한 세계 전체를 아우르는 시장을 확보한 것이다.

더욱이 2017년 2분기부터 넷플릭스는 미국 이외의 구독자 수가 미국 내 구독자 수를 넘어섰으며, 2019년 1분기 기준으로 국외 지역 구독자 수는 약 9,360만 명(전체 구독자의 약 60% 수준)을 확보하였다. 미국 내 구독자 수는 약 6,180만 명(전체 구독자의 약 40%)을 기록했다.

이 과정에서 우리는 리더십의 주요 요소인 명변지(明辨之)의 통찰력에 대한 단초들을 발견하게 될 것이다.

통찰력은 표면 아래의 진실을 발견하는 일이며, 이를 수행하는 능력을 말한다. 이 같은 정의를 내리려면 먼저 '통찰력이란 무엇인가?'를 살펴야 할 것이다.

통찰(insight)는 19세기 위대한 군사사상가들 중 한 명이자 《전쟁기술》의 저자인 프랑스 앙투안 앙리 조미니(Antoine Henri Jomini)의 정의를 살펴보면 쉽게 이해할 수 있다. 그는 통찰을 '한눈에 알아보는 기술'이라고 정의했다. 위키피디아에는 '감추어진 진실을 직관적으로 파악하는 일'이라고 했다. 그리고 통찰력 컨설턴트인 리사 왓슨은 '표면 아래의 진실을 살펴보는 일'이라고 정의하였다.

이들이 말한 통찰에 대한 관점은, 통찰이라는 것은 이전에 없던 새로운 것을 만들어 내는 것이 아니고 이미 있던 것들을 다른 관점으로 살펴보고 그 관계의 의미를 파악하고 발견하는 일이라는 공통점을 지니고 있다.

다만 오늘날 경영학자의 관점에서 본다면 중요한 한 가지가 빠져 있다. 그건 '당면한 문제를 해결하고자 하는 욕구'이다. 다시 말하면, 문제에 대한 솔루션을 찾고자 하는 노력이 없다면 통찰로 이루어 낸 결과를 현장에서 반영할 수 없을 것이다. 시동을 걸었으면 액셀러레이터를 밟아 앞으로 나아가는 행위로 이어져야 하는 것이다.

따라서 통찰력이란 '문제 해결을 위하여 표면 아래의 진실을 발견하고, 이를 수행하는 능력까지'라고 정의할 수 있다.

이 과정에서 인사이트 파워(Insight Power)를 얻기 위해서는 필연적으로 발생하는 선입견을 조심해야 한다. 선입견은 자주 저지르는 잘못된 습관의 하나다. 사람은 원래 복잡한 것을 싫어하고 간단한 것을 좋아한다. 이 때문에 세상만사 모든 것에 선입견을 갖고 있다.

하지만 선입견을 가지면 새로운 관점을 갖기가 어렵다. 언제나 익숙한 정보와 절차를 사용하기 때문에 편하긴 하지만 새로운 정보를 조합해 내기가 쉽지 않다. 이것이 바로 통찰력이라는 힘이 절대적으로 극복해야 할 지점이고, 넘어야 할 산인 것이다. 즉 다양한 관점에서 자신이 알거나 경험의 한계를 넘어서는 것이 가장 기본적인 자세다.

우리는 문제 안에 해답이 있음을 잘 알고 있다. 해결해야 할 문제를 정확하게 이해하고 올바르게 정의할 수 있으면, 막혀 있는 부분은 무엇이고, 어떻게 해결해야 하는가를 알 수 있다. 즉 당면한 문제를 정확히 정의하는 것이 잘못된 방향에서 잘못된 솔루션을 줄 수도 있는 선입견을 극복하는 방법이다. 이러한 방향의 첫 발걸음이 바로 통찰에 다가가는 지름길인 것이다.

3) 영화 '머니볼'과 넷플릭스가 OTT 서비스 사업에서 극명하게 보여 준 명변지(明辨之)

지금 우리는 4차 산업혁명의 소용돌이 속에 빠져 있다. 이 소용돌이의 근원은 방대한 양의 데이터 수집과 분석을 통해 확보한 유효성을 기반으로 다양한 논리적 연산력에 대한 해결을 추구하는 형태로 진행되고 있다. 그 결과 '초연결'과 '초지능'에 주목하고 있다.

이런 것들은 통찰력을 발현함으로써 방향을 설정할 수 있다. 즉 다양한 특성을 가진 데이터를 활용하고 통찰한 다음 전략과 전술의 융합을 이루고, 이를 통한 비전을 제시하고 성취하기 위한 노력을 하고 있다. 이때 발현되는 통찰력으로 이루어지는 '융합'은 비즈니스에서 시간과 공간의 제약으로부터 벗어나 새로운 가치와 변화를 이루는 단초와 추진력을 제공한다.

IoT(사물인터넷, Internet of Things)라 일컬어지는 센서(및 기타 기술)가 장착된 오브젝트와 장치(일명 '사물')로 이루어진 네트워크로 다른 사물 및 시스템과 데이터를 전송하고 수신할 수 있는 환경과 클라우드 등 정보통신기술의 급진적 발전과 확산은 인간과 인간, 인간과 사물, 사물과 사물 간의 연결성을 상상도 못할 정도로 확장시키고 있다. 이는 인공지능과 빅데이터의 연계 및 융합으로 일정한 패턴 파악이 가능해지고, 신규 사업에 있어서 새로운 가치를 창출하는 근원이 된다.

그러므로 이러한 가치 창출을 이룰 수 있는 통찰력에 대한 지혜를 찾아야 하고, 알아야 하며, 활용이 가능하도록 각자 내재화가 이루어져야 한다. 이 내재화의 방안으로 필자는 《중용》을 참고할 것을 권한다. 명변지(明辨之)의 '명변(明辨)'은 배운 지식을 분별하고 좋은 것을 취하며 진위를 가리는 것이므로 이를 올바르게 활용할 수 있어야 한다. 다시 말하면 경영학적 전략 활용 측면에서 통찰력의 발현을 이루어야 한다는 것이다.

간단하게 풀어보면, 배움을 통해 얻은 것은 실천으로 구현해야 하고, 그 구현의 출발점은 통찰력의 내재화를 이루어야 가능하고, 그 통찰력은 새로운 가치 창출 혹은 올바른 가치 체인화를 구축할 수 있는 시금석으로 활용해야 하는 것이다.

넷플릭스가 블록버스터라는 거대한 벽을 뚫기 위한 첫 단초는 대여 서비스를 통한 소비자의 니즈에 대한 치밀한 분석과 명쾌한 방향 설정을 구축한 것으로 보아야 한다. 이를 통해 새로운 전략인 '노 패널티 속의 무제한 서비스 제공'이라는 새로운 가치 창출을 구현한 점이다. 이는 가치 체인화를 이루어 오늘날 각종 콘텐츠에 대한 OTT를 구현한 서비스로의 진화를 이끌어온 원동력이다.

데이터가 새롭게 등장한 초연결 세상에서 가치를 제공해 주는, 20세기 제조업의 원유와도 같은 역할을 하게 된 것이다. 바로 이러한 새로운 영역의 또 다른 원유의 발견을 이룬 통찰력에 주목해야 한다. 다양한 데이터가 제공하는 원유와 같은 에너지는 분석을 통해 인간의 행동을 예측할 수 있는 새로운 비즈니스의 탄생도 가능하게 할 것이다.

이는 앞에서 언급한 영화 '머니볼'에서도 볼 수 있다. 또한 넷플릭스라는 초거대 기업의 탄생을 통해서도 명변지의 지혜를 구현한 통찰력을 알 수 있다. 그래서 이 통찰력의 시작이 된 출발점으로 삼을 수 있는 《중용》의 명변지를 좀 더 세심하게 살펴볼 필요가 있다.

명변지(明辨之)는 글자 그대로 분명하게 변별(辨別)해야 비로소 옳고 그름을 바르게 분별한다는 의미다. 이것은 불확실성이 더욱 커지는 지금 더욱 중요하고, 이를 경영학적 전략상의 용어로 대체하면 통찰력이라고 부를 수 있다. 통찰력을 통해 미래에 대한 비전 제시가 가능하고, 새로운 어젠다를 설정할 수 있다. 따라서 리더라면 모든 사람을 결집하고 함께 성장하기 위하여 올바른 어젠다를 설정할 수 있어야 하며, 이를 위해 힘쓰고 노력해야 한다.

이 과정에서 우리는 몇 가지 도구에 주목해 볼 필요가 있다.

첫째, 함께하는 이들과 목표를 공유해야 한다.

둘째, 이는 즉흥적인 발견이 아니라 꾸준함에서 오는 작은 변화들을 축적하여 영속성이 있는 상태로 지속적인 변화를 추구해야 한다.

셋째, 목표에 이르는 다양한 방법과 도구 그리고 가용 자원의 효율적인 배분이 있도록 통찰력을 발휘하여 절제된 선택을 해야 한다.

넷째, 성장이라는 공동의 목표가 설정되었다면 그에 대한 장애를 일으킬 수 있는 요소들을 과감히 제거하는 실행이 있어야 한다.

다섯째, 리더와 조직원들이 가지고 있는 역량과 자원 등을 보다 효율적으로 발현시켜야 하며, 발현이 가능한 환경을 조성하여야 한다.

여섯째, 목표 실행을 위해 투입되는 각종 자금과 자원 그리고 투입이 가능한 도구들을 효율적으로 배분하고 활용하여 적극적이고 성실한 경영 활동을 수행해야 한다.

일곱째, 이러한 내역들을 조직 내에서 기업문화로 혹은 조직문화의 일상으로 구축하고, 천천히 스며들도록 해야 한다.

여덟째, 시간적인 제약 없이 항상성이 있는 상태에서 조직 내외를 막론하고 혁신이라는 측면을 간과하지 않고, 항상 열린 자세로 다양한 커뮤니케이션의 활성화를 통해 자유롭게 제안, 계획 수립, 이에 대한 진행 그리고 진행 결과에 대한 리뷰, 해당 리뷰에 대한 피드백이 선순환되는 구조 속에서 작동이 가능하도록 해야 한다.

그럼 이를 위하여 리더가 연마할 부분을 정리해 보자.

첫째, 떠오르는 생각을 반드시 기록하는 자세를 가져야 한다. 경영 현장에서 다양한 대상에 관심을 가지고 전후좌우, 선공후사를 성찰하다 보면 떠오르는 생각이 있을 것이다.

철학자 토머스 홉스는 항상 메모지를 들고 다니면서 생각이 떠오를 때마다 기록해 두었다고 한다. 작은 메모가 새로운 정보의 단초가 되는 것이다. 또한 이 메모가 가치 창출로 이어질지, 전문가의 의견을 듣고 새로운 비전 설정이 가능한지를 판단해야 한다. 레오나르도 다빈치도 잠자기 전에 직면한 문제를 차분하게 생각하는 방식으로 새롭고도 독특한 아이디어를 발견했다고 한다. 바로 논리적 사고와 직관적 사고의 융합을 이루는 방식이다.

둘째, 모방도 통찰력을 기르기 위해 꼭 필요한 생활 속의 습관임을 알고 활용하면 좋다. 먼저 배우고 익힌 선현들 혹은 선구자들의 훌륭한 사고 과정을 탐색해 자신의 것으로 만드는 것도 매우 좋은 방법이다.

대표적인 사례로 피카소를 들 수 있다. 그가 처음 그림을 그릴 때는 세잔을 비롯한 프랑스 후기 인상파의 그림을 모방했다. 또 베토벤은 9번 교향곡을 만들 때 이탈리아의 작곡가이자 피아니스트인 클레멘티의 기법을 적용해 자신만의 스타일을 창조해 낸 것으로 유명하다. 아인슈타인 역시 상대성이론을 만들기 전에 가장 중요한 친구이자 파트너는 모리스 졸로비네(Maurice

Solovine)와 콘라트 하비히트(Conrad Habicht) 등과 심도 있는 토론을 통해 그 위대한 이론을 만들었다는 일화도 있다.

셋째, 문제에 대한 본질은 무엇이고 이를 이루는 근원적인 이유는 무엇인지 차분하게 살피는 습관을 가져야 한다. 문제에 대한 정의부터 살펴보면 좀 더 명확해지고, 문제를 풀어가는 솔루션까지 제시하는 경우가 있다.

우리는 종종 '초심(初心)으로 돌아가라'는 말을 한다. 이 초심이라는 단어가 바로 근원에 대한 성찰을 의미하는 것이다. 그런 후에 나아갈 방향에 대한 비전과의 융합을 생각하는 습관을 가져야 한다. 그럼 더할 나위 없는 명변지(明辨之)의 기본 양태를 갖게 되는 것이다. 근원에 대한 성찰은 자연스럽게 분석, 이해, 평가, 예비 실행(시뮬레이션) 그리고 종합 과정을 거치면서 당면 문제에 대한 융합적 솔루션을 찾게 될 것이다. 그 후 통찰력은 자기도 모르는 사이에 성장하게 된다.

사실 '중용'의 사전적 정의는, 서로 상반되는 판단을 할 때 적정한 도(道)로써 적확(的確)한 포인트를 잡아 결정하고, 이를 절제된 제어 아래 성실하게 적극적으로 실행하는 것이다.

이러한 철학적 개념은 '중용'이 모든 분야에서 중심 역할을 해 온 중국, 동아시아, 인도 그리고 유럽 문화의 출발점인 그리스에서도 다양하게 연구되었다. 고대 그리스 철학자 플라톤은 어디에서 그치는지를 알아 거기서 머무는 것을 인식하는 것이 최고의 지혜이며, 크기의 양적 측정이 아닌 모든 가치의 질적 비교를 중용(Moderation)이라 하였다. 또 아리스토텔레스는 마땅한 정도를 초과하거나 미달하는 것은 악덕이며, 그 중간을 찾는 것을 참다운 덕이라고 하였다.

'중용'을 좀 더 확장해서 보면, 최선의 길을 찾고 선택하고 올바르게 실행하는 것이다. 즉 중(中)은 양극의 합일점이고, 용(庸)은 영원한 상용성(常用性)으로 지나치거나 모자람이 없는 상태라고 할 수 있다. 이를 현대적 의미로 보면, 중(中)의 위치는 시공간적 영향 안에서 끊임없이 변하고, 그 변화 속에서 바른길을 걸으며 변함없음을 추구하는 것이 올바른 용(庸)이라고 할 수 있다. 즉 변화에 대한 유연한 통찰력으로 진실을 담아 적극적으로 실행하는 것으로, 리더십의 본질 중 하나라고 본다.

리더가 '중용'이라는 덕목에서 취해야 할 부분은, 드러난 객관적 진리만을 추구하고 실현하려는 리더십이나 주관적 진리에만 몰두하여 교과서적인 리더십이 갖고 있는 이상과 현실의 결여와 무시로 인한 괴리감을 떨쳐 버리지 못하는 유연성이 부족한 것이다. 이 부분은 모든 리더십이 반드시 지양해야 할 점이다.

그래서 변화에 대한 수용과 이를 바로 볼 수 있는 통찰력을 지니고, 객관적 데이터에 의한 올바른 인식이 필요하다. 이것이 불확실성의 파고를 넘을 수 있는 새로운 방향을 제시해 준다는 점을 이해하고 실천해야 한다. 더불어 그 안에서 발생하는 위상에 대한 책임도 짊어질 수 있는 용기를 강조하고 있다.

4) N차 관람을 권하는 영화 '머니볼'에서의 리더십 명장면

우리가 N차 관람에서 배우고자 하는 리더의 모습은 사실 배우가 표현하는 가공의 인물이다. 이러한 역할을 수행하는 배우는 허구의 상황을 연기하면서 대중과 감정적 연결고리 역할을 한다. 그리고 현실에서는 접하기 어려운 상황을 경험하게 하는 일종의 대리자이기도 하다.

훌륭한 배우라면 극의 역할을 통해 콘텐츠가 제공하고자 하는 메시지나 교훈을 자연스럽게 전달하여 콘텐츠를 감상하는 이들에게 영감과 생각할 거리를 제공한다. 뿐만 아니라 다양한 문화, 지역, 시대 등을 배경으로 한 작품은 다양성을 경험하고 이해할 수 있도록 시각적으로 보여 준다.

시각은 정보를 획득하는 측면에서 80% 이상의 역할을 하므로, 콘텐츠를 감상한다는 것은 다양성과 메시지에 대한 통찰의 계기가 되기도 한다. 따라서 콘텐츠 N차 관람은 대중에게 엔터테인먼트, 문화적으로 감성을 터치하기도 하고, 동시에 또 다른 지적 만족감은 물론 콘텐츠가 주는 메시지에 따라 리더십에 관한 통찰도 제공한다.

그럼 영화 '머니볼'의 주요 장면을 통해 리더십에 대한 구체적인 영감 혹은 메시지들을 정리해 보겠다.

영화 '머니볼'에 관한 평을 살펴보면, 리더십의 주요 키워드로 만남, 혁신, 실천, 공감대 형성, 동기부여 등을 꼽고 있다.

먼저 빌리 빈과 피터 브랜드가 만나서 이야기하는 장면이다. 빌리 빈이 '머니볼 이론'에 대해 의문을 갖자, 피터 브랜드는 "중요한 건 선수가 아닌 승리를 사는 거예요!"라고 대답한다. 출루율에 근거하여 선발하는 방식이라고 하지만, 빌리 빈 단장과 주요 조력자와의 만남은 숙명과 같은 지점이라고 볼 수 있다.

우리는 첫 관람에서 출루율로 이루어 낸 성과에 깊은 감동을 받았고, 이 만남의 중요성에 대해 충분히 이해하고 있을 것이다.

리더는 조직을 구성할 수 있어야 하고, 조직원과의 커뮤니케이션을 중요하게 생각하고 활용할 수 있어야 한다. 전화로 "승리는 사는 거예요!"라는 대사는 바로 리더가 제시하고 공유하고 소통하여 적절한 제어와 배분을 통해 획득할 목표라는 의미를 함축하고 있다.

지금 4차 산업혁명, 빅데이터, 인공지능 등은 피할 수 없는 상황이며 기업 입장에서는 혁신이 절대적으로 필요한 시점이다. 이때 리더가 주목해야 할 지점은, 변화에 대응을 할 수 있는 시각과 분석, 판단, 대응에 대한 유연성을 지닌 통찰력이다. 즉 분석 지향적인 환경에 대응할 수 있는 안목이다. 따라서 이를 시스템화하는 노력이 반드시 필요하다.

영화에서 냉철한 현실을 피하고 싶은 기존의 구단을 이끄는 주체들에게 팀의 현실을 적확하게 짚어 주는 빌리 단장의 모습에서 그의 통찰력 있는 리더십을 알 수 있다. 빌리 단장은 재정이 열악한 지금 가장 효율적이고 실천이 가능한 변화를 모색한다. 그리고 이름값을 우선으로 하는 선수 선발 방식과 전혀 다른 방식으로 파격적인 '머니볼' 이론에 따라 새로운 도전을 시작한다. 이것으로 새로운 비전을 제시하고 공유를 하기 위해 고군분투한다.

그는 출루율이나 방어율 같은 경기 데이터를 기준으로 사생활 문란, 잦은 부상, 최고령 등의 이유로 다른 구단에서 외면받던 선수들을 팀에 합류시키고, 우리가 현시점에서 화두로 삼고 있는 빅데이터에 따른 구단 운영을 시도한다.

즉 경기에서 승리라는 목표를 달성하기 위해 누가, 언제, 어디서, 무엇을, 어떻게, 왜 하는지에 대한 정보가 담긴 데이터에 주목하고 분석하여 활용한다. 다시 말하면 데이터를 전략적 시각에서 바라보는 통찰력을 발휘한다.

애플의 스티브 잡스는 "소비자는 우리가 무언가를 보여 주기 전에는 자신이 무엇을 원하는지 전혀 알지 못한다"고 했다. 승리를 위해서는 이름값이 아니고 출루를 통해 한 베이스씩 진루할 때 홈 베이스를 밟을 수 있는 기회는 늘어나고 이는 곧 승리로 이어진다. 감각적인 의사결정이 아니라 기존에 보여 준 데이터를 통한 확률값으로 의사를 결정하는 방식을 선택하기 위해 보유하고 있는 자원들의 리스트럭처링(restructuring)을 실행한 것이다.

이는 곧 리더의 주요 덕목으로 데이터에 대한 통찰력은 승리라는 목표를 추구하는 의사결정을 하게 하는 용기와 추진력이며, 이러한 리더십에 필요한 요소를 보여 주는 장면이라 할 수 있다.

다음은 혁신을 이루는 리더의 모습으로 빌리 단장은 클리브랜드에 선수를 영입하러 갔다가 머니볼 이론을 장착한 예일대 경제학과 출신 피터 브랜드를 만난다. 그리고 빌리 단장은 열악한 재정을 극복하고 타율보다는 출루율 데이터로 팀 재건 프로젝트를 진행할 수 있는 이론적 근거를 갖고 있는 전략가이자 훌륭한 조력자 피터 브랜드를 영입한다.

이 장면은 현실을 냉철하게 분석하고 승리를 쟁취하기 위한 전략이 필요한 빌리 단장이 자신의 목표 달성에 절대적으로 필요한 탄탄한 이론적 배경을 확보하고, 바로 혁신을 도모하는 첫 걸음을 내딛는 것으로 볼 수 있다. 그러나 감독은 출루율을 중심으로 승리를 획득하는 구상에 대해 공유하지 않는다. 물론 나중에는 수용을 하지만.

또한 혁신을 추구하는 데 필요한 통찰력이 발현된 것으로 보이는 장면이 있다. 감독도 내키지 않아 했고 세간의 평가도 좋지 않은 타 구단의 포수를 고른 것이다. 그는 출루율은 좋았지만 부상 때문에 마운드에 설 기회를 잡지 못한 선수였다. 팀은 상대팀을 11대 0으로 앞서가고 있었으나 곧 상대팀의 공격으로 동점이 되는 상황을 맞이한다. 바로 그때 부상을 달고 살지만 출루율이 좋았던 선수 스콧 해티버그가 타석에 올라 간절히 바라던 홈런을 터뜨린다. 팀은 드디어 전인미답의 20연승 고지를 밟게 된다.

이는 리더의 탁월한 안목과 통찰력을 보여 주는 장면이다. 안목(眼目)이란 기본적으로 보는 것에 대한 통찰력이다. 바로 머니볼 이론을 혁신의 도구로 채택하고 실천하고 이를 실행으로 옮긴 리더의 모습과 오클랜드 애슬레틱스의 20연승을 위한 마무리 홈런을 터뜨린 해티버그의 모습은 영화를 관람하는 사람들에게 시각적으로 압도적인 카타르시스를 주는 장면임에 틀림없다.

혹자들은 리더가 갖춰야 할 안목으로 적극적인 실행과 스스로를 제어할 수 있는 절제력, 그리고 인재가 뛰어놀 수 있는 판을 만들고, 권한을 위임하는 커뮤니케이션을 통한 소통 능력을 추천한다. 그리고 시스템으로 고착화될 수 있는 혁신에 대한 유연성과 승리라는 방정식을 이루기 위한 또 다른 전략 속에서 조직원들과의 비전 공유를 꼽기도 한다. 이 모든 덕목들을 '머니볼'의 빌리 빈 단장은 분명하게 보여 주었다.

빌리 빈은 이렇게 동기부여에 대한 대사를 던진다.

"우리 같은 가난한 구단이 우승하면 변화를 일으킬 수 있어!"

굳건한 신념으로 통찰력을 실행한 결과 승리를 얻을 수 있다는 확신을 공유하고, 그 공유를 통해 동기를 부여하는 장면에서 리더가 갖추어야 할 덕목을 볼 수 있다.

영화 '머니볼'은 야구라는 스포츠에서 거대한 자본을 가진 자들과 맞서면서도 기존의 개념들을 벗어 던지고 출루율이라는 새로운 통찰력을 발휘한 혁신을 보여 준다. 변화를 일으킨 한 사람, 리더 빌리 빈의 인생과 그의 가족 그리고 구단의 현재와 미래를 결정짓는 리더의 냉철한 판단과 통찰력을 보여 준 빌리 단장을 통해 우리에게 리더십의 핵심 요체 중 하나인 명변지(明辨之)를 구현하는 모습을 발견할 수 있다. 이것이 바로 통찰력의 파워를 보여 주는 모습이다.

N차 관람을 통해 리더십에 대해 다시 한번 성찰하는 기회를 갖게 되길 바란다.

05

드라마 '스토브리그'에서 보여 준 리더십
도약과 새 출발을 위한 리더의 참모습

|

審問之

1) '스토브리그'라는 드라마

드라마 제목인 '스토브리그(Stove League)'는 프로야구에서 사용되는 용어로 핫스토브리그(Hot Stove League)라고도 한다. 하계 스포츠인 프로야구 정규 시즌이 끝난 휴식기에 '팬들이 난로(Stove) 주위에 모여 선수단, 구단의 동향 등을 이야기한다'는 것에서 유래했다. 지금은 야구가 끝난 비시즌에 팀의 전력 보강을 위해 선수 영입과 연봉 협상을 하는 걸 지칭하는 말로 사용되고 있다.

이런 연유로 경기의 중심인 선수와 경기에 대한 이야기가 아니고 야구단을 이끄는 프런트라 불리는 스포츠팀 운영 조직에 대한 이야기로, 다음 시즌을 위한 새로운 준비를 어떻게 하는가에 대한 것이 이 드라마가 보여 주고자 하는 서사의 기둥이다.

'스토브리그'는 프로야구 팬들의 눈물마저 말라버린 꼴찌 팀에 새로 부임한 백승수 단장이 시즌을 준비하면서 새로운 마음으로 재기하는 모습을 그린 스포츠 드라마다.

만년 꼴찌구단 드림즈는 2019년 시즌 홈 최종전을 벌인다. 그 와중에 덕아웃에서는 내부 패싸움이 일어나기도 한다. 그리고 처참한 경기력으로 끝까지 팬들을 실망시키며 4년 연속 꼴찌로 시즌을 마무리한다. 만년 꼴찌인 드림즈는 준우승 한 번이 커리어의 전부다. 그들에게 시즌의 꽃과 같은 '가을야구'는 꼴찌에 너무 익숙하여 남의 잔치로 여겨질 뿐이다.

이름은 '드림즈'지만 꿈도 희망도 없어 보이는 이 팀에 새 단장 백승수가 부임한다. 사실 '백승수(남궁민)'라는 인물은 야구선수 출신도 아니고 야구단의 프런트 경험조차 없는, 야구와는 관련이 없는 인물이다. 그런데도 신임 단장으로 부임했다. 그는 다양한 종목에서 꼴찌팀을 우승으로 만든 경험이 있는, 청부사의 면모를 갖춘 인물이다.

그동안 그는 씨름, 하키, 핸드볼 등 비인기 종목의 단장을 맡았었고, 모기업의 열악한 재정으로 우승팀인데도 해체를 해야 하는 상황을 겪었다. 그럼에도 우승이라는 특이한 이력을 통해 인기 종목인 프로야구 단장을 맡을 기회를 잡게 된다.

그는 책임을 맡은 팀은 언제나 우승을 시켰다. 하지만 비인기 종목의 단장으로 우승을 했고 그 후 팀이 해체되는 길을 걸어

왔다. 그러나 이번에는 돈과 인기가 많은 프로야구 단장으로 새로운 길을 걷게 된다. 즉 새로운 직업을 찾아다니던 그에게 또 다른 기회가 온 것이다.

하지만 든든한 버팀목이 되어 주어야 할 구단주 권경민(오정세)과 사사건건 마찰을 일으키는 백승수 단장의 융통성 없는 모습은, 드라마를 시청하는 입장에서 매우 안타까운 장면이 아닐 수 없었다.

백승수를 드림즈 새 단장에 낙점한 사람은 드림즈 구단주 권경민이었다. 드림즈 모기업인 재송그룹의 상무 권경민은 실제 구단주이자 자신의 큰아버지인 회장을 도와 호텔 사업을 하고 있었다. 그런데 어느 날 돈이 제일 안 되는 야구단 드림즈를 떠맡게 되면서 좌천과 같은 발령을 받게 되었다. 누군가의 눈치를 보면서 아등바등하는 야구팀 드림즈의 모습이 구단주의 처지와 닮은 듯 더욱 애틋한 모습으로 보였다.

그런데 구단주 권경민은 특이한 이력을 가진 백승수를 새 단장으로 불러, 자신의 말을 듣기만 하는 꼭두각시로 쓰겠다는 생각을 한 것이다. 그러나 타협도 융통성도 모르는 백승수 단장은 구단주 권경민의 기대와는 달리 팀에 새로운 기운을 불어넣는 작업을 진행해 나간다. 이 상황은 구단주 권경민과 단장 백승수가 대립하는 구도를 만들게 되고, 드라마는 두 사람의 기 싸움으로 이야기가 어떻게 전개될지 궁금하게 한다.

한편, 이런 어려운 환경 속에서 단장에게 묵묵히 도움을 주는

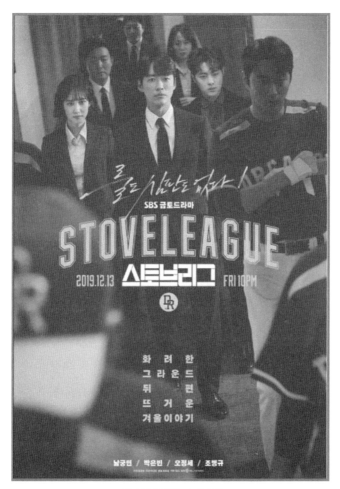

드라마 '스토브리그' 포스터

최연소 여성팀장 이세영(박은빈)과 그의 부하직원 한재희(조병규)는 커다란 힘이 된다. 그는 이들의 도움으로 팀을 조금씩 변화시키며 자신의 생각과 신념을 현실로 구현해 나간다.

단장 백승수는 엄청난 협상력과 함께 자기 의견을 끝까지 밀고 나가는 추진력을 지닌 인물이다. 그는 정말 팀이 더 좋은 쪽으로 나아갈 수 있도록 모든 방법을 동원하는 사람이다. 그리고 많은 사람들이 만족하는 방향으로 문제를 해결하며 일을 추진해 나간다.

그리고 이세영 여성팀장은 지난 10년 동안 드림즈의 해체를 막기 위해 노력한 인물이다. 늘 꼴찌 신세를 전전하였기에 모기업의 후원도, 실력 있는 선수 영입도 어려운 처지에 있을 때, 새 단장이 오기를 바랐다. 그리고 딱 봐도 정이 안 가는 사람으로 보이는 백승수 단장을 맞이한다.

하지만 백승수 단장은 일 하나는 정말 잘한다. 이 모습을 보고 이세영 팀장은 존경하는 마음을 갖는다. 이런 이세영 팀장과 함께 운영팀에서 일하는, 제법 규모 있는 회사 회장의 손자인 한재희는 이세영 팀장을 마음에 두고 있으며, 적은 월급을 받으며 이세영 팀장과 함께 많은 일을 해 나간다.

백승수 단장은 부임 첫날부터 팀 에이스이자 상징인 임동규를 트레이드하겠다고 공표한다. 그러자 드림즈 프런트 전원은 결사 반대하며, 단장이 야구를 몰라서 이런 결정을 한 거라며

비웃는다. 그래도 백승수 단장은 정확한 통계자료를 보여 주며 결국 간판타자 임동규를 트레이드한다. 그리고 국가대표 에이스인 제1선발 투수 강두기를 데려오는 파격 트레이드를 성사시키며 예상과 다르게 전개해 나간다. 뿐만 아니라 한때 명성이 자자했던, 그러나 지금은 대중에게 잊혀진 로버트 길이라는 걸출한 용병도 영입한다. 그는 숨겨진 인재였던 것이다.

단장은 야구선수는 연봉으로 협상하는 것이 아니고 그들이 원하는 출전 기회라는 사실을 기반으로 선수들을 영입하는 전략을 구사한다. 대단한 협상력이 아닐 수 없다.

한편, 내부 적폐세력을 정리하고 파벌을 없애는 방식을 통해 드림즈를 재정비하는 개혁을 추진한다. 단장과 운영팀장은 여러 가지 어려움을 겪으면서 연봉 협상과 2차 드래프트를 성공적으로 마치고, 열악한 환경에서 스프링 캠프를 꾸려 나간다. 다만 그 과정은 지나온 시즌들과는 달리 매우 알차게 내실을 다져간 것이다.

그런데 시즌이 진행되는 동안 약물과 도박사건이 터진다. 이 같은 혼란 속에 바이킹스에 보냈던 간판타자 임동규를 다시 영입하게 된다. 임동규는 이제 새사람이 되어 팀으로 돌아오고, 현금이 포함된 이면계약으로 다른 구단으로 이적할 뻔한 강두기도 무사히 지켜낸다.

구단주 대행에서 사장이 된 권경민은 사사건건 방해하지만, 백승수 단장은 꺾이지 않고 소신을 관철하며 팀을 강하게 만드는 데 성공한다.

그러나 모그룹인 재송그룹은 애초에 애정이 없던 야구단을 새 주인에게 넘긴다. 그리고 결국 백승수 단장은 스토브리그를 마치고 구단을 떠나게 만든다.

이 같은 상황과는 달리 지난 시즌 꼴찌였던 드림즈는 백승수 단장을 비롯한 프런트와 코칭 스태프, 그리고 선수단이 힘을 합쳐 드디어 꿈에 그리던 2020 시즌 가을야구에 진출한다. 결국 한국시리즈까지 진출하여 세이버스와 1차전을 시작한다. 그러나 백승수 단장은 다른 종목의 스포츠단에서 또 다른 새 출발을 하면서 드라마는 끝을 맺는다.

2) 공룡 IBM의 변신을 이끈 루이 거스트너의 전방위적 리더십

우리는 드라마 '스토브리그'를 통해 리더십에 관한 또 다른 접근법을 진행하고 있다. 어려움을 딛고 다양한 리더십을 발휘하면서 한 단계 전진하는 모습을 드라마 '스토브리그'를 통해 감상하였다. 이와 유사한 기업 사례에서 백승수 단장처럼 구원투수로 부임한 리더가 있다. 바로 공룡 IBM의 변신과 도약을 이끈 루이 거스트너(Louis Gerstner)라는 인물이다. 이제 그의 리더십을 살펴보자.

루이 거스트너는 《누가 코끼리가 춤을 출 수 없다고 말했나요?(Who Says Elephants Can't Dance?)》라는 책을 펴내 우리에게 많은 시사점을 던져 주었다. 그는 미국의 기업인으로 1993년 4월부터 2002년 3월까지 IBM CEO를 역임하고 2002년 12월 회장직에서 은퇴했다. 우리는 그를 공룡 IBM의 운명을 새롭게 구축한 인물로 알고 있다.

IBM 이사회는 루이 거스트너의 전임자인 존 에이커스에게 사임을 강요하는 한편, 컴퓨터업계에서 후임자를 찾고 있었다. 유명한 기업인들이 거론되었지만 결국 외부에서 루이 거스트너를 채용하는 모험을 감행했다. 그는 외부에서 채용된 IBM 최초의 CEO였다.

IBM의 최고경영자가 된 루이 거스트너는 "IBM이 지금 가장 필요로 하는 것은 비전"이라고 선언했다. 그리고 실행, 결단력, 속도 향상을 위한 조직 단순화 및 정체 해소에 초점을 맞춰 과감하게 혁신 드라이브를 걸었다.

그가 취임할 당시 IBM은 컴퓨터업계에서 진행되던 급속한 변화에 휩쓸려 거의 파산 지경에 이르렀던 공룡 기업이다. 사실 IBM은 1984년 연간 영업이익이 100억 달러를 돌파할 정도의 초거대 기업이었다. 1911년 설립 후 73년 만의 성과였다. 당시 IBM의 매출 볼륨은 세계 정보기술(IT)산업 매출의 70%를 차지할 정도의 위상을 가진 기업이었다. 전자계산기와 플로피디스크, 바코드 시스템 등을 세계 최초로 내놓으며 승승장구했기 때문이다.

특히 사무용으로 쓰이는 대형 컴퓨터의 비중이 중요도를 차지

IBM의 기업 로고

하고 있었다. 대형 컴퓨터로 인한 이익은 IBM 전체 이익의 60%를 차지할 정도였다. 간혹 우리가 신문이나 뉴스 등을 통해 삼성전자의 전체 이익 중 반도체가 차지하는 비중과 같은 모양새였다.

이러한 환경은 IBM이 지속적으로 대형 컴퓨터에 집착하는 우를 범하게 했다. 하지만 시장은 1980년대 후반부터 개인용 컴퓨터(PC) 중심으로 재편되었다. 이익률이 높은 대형 컴퓨터 사업을 통해 연간 80억 달러를 벌어들이는 것이 오히려 IBM을 공룡처럼 움직임이 둔하게 했고, 비대해진 몸집은 IBM 조직을 점차 관료화로 치닫는 중증에 걸리게 한 것이다.

한편, 세계 경제는 '일본! 세계 제2위 경제대국으로 부상'이라는 타이틀이 회자되면서 히타치와 후지쓰 등 일본 업체들이

IBM 제품보다 40%가량 싼 PC를 보급하기 시작했다. 1980년대 30%가 넘던 IBM의 PC 점유율은 1992년 10% 나락으로 떨어지고 있었다. 심지어 1992년엔 82억 달러의 영업손실을 내는 상황에까지 이르렀다. 세계 1위 IT기업으로 도약한 1980년 이후 유일한 적자 기록이었다. 수십 년간 맹위를 떨치던 IBM이 갑자기 거대한 늪에 빠져 허우적거리게 되었다.

설상가상으로 PC시장에서 마이크로소프트(MS)의 윈도(CPU 시장을 장악하고 있는)와 인텔 프로세서가 결합된 '윈텔동맹'도 IBM을 궁지로 몰아넣었다. 1990년대 초반부터 인텔과 마이크로소프트가 PC기술의 혁신을 주도하면서, 1위였던 IBM은 어느덧 조연급으로 전락하는 처지가 된 것이다.

이때부터 IBM의 자랑이었던 전문인력은 사라지고, 고객의 불만 역시 늘어만 갔다. 직원 1인당 생산성도 일본 업체들의 절반 수준으로 평가되었으며, 초우량 기업 IBM이 어느 사이 경영학 교과서에서 경영 실패 사례로 소개되기에 이른 것이다. 전문가들도 "IBM이 다시는 컴퓨터 산업에서 주역이 될 수 없을 것"이라고 입을 모을 정도였다.

당시 해결책으로 월스트리트 애널리스트들은 회사 분할을 주장하기도 했다. 그러나 루이 거스트너는 경영팀과 함께 컴퓨터 업계 선두자리로의 복구와 동시에 새로운 기업으로의 도약을 이끌어 냈다. 이러한 성공 사례는 비즈니스 역사상 최고의 경영 전환 사례로 평가받고 있다.

루이 거스트너는 1993년 4월 회사를 해체하기 위한 논의가 진행되던 그때 입사했다. IBM의 핵심인 메인 프레임 비즈니스가 노후화로 치닫고 있던 때였다. 당시 이 회사 경영진은 다양한 사업부(일명 '베이비 블루스')의 브랜드를 바꾸고 스스로 관리하게 하는 방향을 모색하고 있었다. CEO 존 에이커스는 IBM을 프로세서, 스토리지, 소프트웨어, 서비스, 프린터와 같은 자율적 사업부로 분할하여 보다 집중적이고 민첩하게 저비용 구조를 가진 업체들과 경쟁력을 갖추는 것이 합리적인 해결책이라고 결정했다.

그러나 루이 거스트너는 식품, 담배 기업인 RJR 나비스코와 카드회사인 아메리칸 익스프레스(AMEX)에서의 성공 경험을 통해, 광범위한 정보기술에 대한 인터그레이터(integrate, 통합하다, 융합하다)가 필요하다는 것을 깨닫고 당시 경영진이 추진하던 분할 계획을 뒤집었다.

그는 1993년 주요 기업들이 직면한 가장 큰 문제가 당시에 등장한 모든 개별 컴퓨팅 기술을 통합하는 것이라는 것을 알고 있었다. 그리고 IBM이 살 길은 고유한 경쟁력을 지닌 부품 또는 부품 이상을 대표하는 통합 솔루션을 고객에게 제공할 수 있는 능력이라는 것을 알게 되었다. 단순히 IBM 내 다양한 테크놀로지에 대한 지지자들의 의견을 듣는 것에서 그치지 않고 겸손한 자세를 견지하면서 배운 것이다.

앞에서 살펴본 드라마 '스토브리그'에서 백승수 단장도 야구에 문외한이었다. 그렇지만 냉철한 판단력을 기반으로 쉼 없는 탐구로 《중용》의 심문지(審問之)를 내재화하였음을 볼 수 있었다. 늘 도전하는 자세로 질문을 통해 냉철한 현황 분석과 탁월한 협상력, 그리고 진심을 다해 야구단을 새롭게 변화시킨 주인공 백승수 단장의 모습에서 필자는 루이 거스트너의 리더십이 오버랩 되었다.

루이 거스트너는 IBM의 분할을 막은 것은 물론 고객에게 완벽한 IT 솔루션을 제공하는 새로운 블루오션을 열었다. 이는 초거대 우량기업 IBM의 변신에 대한 초석을 구축한 것이다. 서비스 프로그램을 통해 이미 IBM 컴퓨터를 구입한 기업들에게 필요한 추가기능으로 또 다른 블루오션을 안전하게, 또 수월하게 UP-selling & Cross selling이 가능하도록 한 것이다. 즉 수익성이 낮은 하드웨어 조각들을 더 수익성 높은 거래를 열어젖히는 출입구(entrance)로 사용한 것이다. 아마도 기업을 하는 리더라면 심각하게 고민하고 또 받아들여 활용할 부분이라고 생각한다.

1993년 IBM이 설정한 전략적 비전 중 하나는 e-비즈니스를 기업의 심장과 영혼으로 만드는 것이었다. 그리고 네 가지 중요한 핵심 사항을 추진해 나갔다.

첫 번째는 회사를 분할하지 않고 원래 형태를 유지하는 것이다. 두 번째는 IBM의 사업 모델을 변화시켜 새로운 환경에 적응시키기로 한 것이다. 세 번째는 IBM의 사업 운영 방식에 리엔지리어링(Reengineering)을 실시한 것이다. 네 번째는 수익성이 낮은 사업부터 과감하게 정리하기로 한 것이다. 이미 굳어질 대로 굳어진 체질을 확 바꾸는 과감한 혁신 드라이브를 건 것이다.

특히 사업적 측면에서 두드러진 의사결정은, 많은 사람들이 종말을 맞았다고 생각한 메인 프레임 비즈니스를 계속 유지하기로 결정한 것이다. 그리고 당시 차세대 CMOS(Complementary Metal Oxide Semiconductor), 주로 마이크로프로세서나 SRAM, 이미지 센서 등의 집적회로를 구성하는 데 사용되는 반도체 제조 기술에 10억 달러를 투자하기로 결정하면서 반도체 사업도 계속하고, R&D 예산도 현 수준을 유지하기로 했다. 또한 IBM이 내부를 중심으로 움직이던 경영 대신 시장에 초점을 맞춰 운영하기로 한 것이다.

한편, 내부 통제와 책임 소재를 좀 더 명확하게 하기 위해 이사회 규모를 축소했다. 내부 파벌도 혁파하고, IBM이라는 브랜드를 회생시키는 노력을 기울인 것이다. 또 모든 광고를 단일 광고대행사를 통해 아이덴티티를 유지하는 전략을 택했다. 그리고 평이한 급여 체계 및 보상 급여 체계를 스톡옵션으로 보완하고, 회사 실적이 좋을 경우 보너스를 지급하는 방식도 도입했다. 통상 기업 내에서 구현되어야 할 리더십 포인트를 그대로 적용한 것으로 보이며, 이는 전형적인 교과서적 처방이었다.

뿐만 아니라 IBM의 미래를 결정할 만한 과감한 승부수를 던지기도 했다. 그 중 하나는 회사의 방향을 비즈니스 서비스가 미래를 급속히 성장시킨다는 생각을 구현하는 것이었다. 그리고 다른 하나는 업계의 방향을 예측하기 위해 네트워크 환경이 독립형 컴퓨터를 대체할 것이라는 진단을 내린 것이다. 2024년 지금의 네트워크 시장 환경을 보면 정말 대담하기도 하고 탁월한 통찰력이었다고 판단된다. 이 지점이 《중용》의 명변지(明辨之)를 유감없이 발휘한 모습이다.

전략적인 측면에서도 루이 거스트너는 탁월한 리더의 모습을 보여 주었다. 그는 비즈니스 전략 수립에 있어서 몇 가지 원칙을 정립했다.

첫째, 세계 최대 소프트웨어 업체의 지위를 고수하고 확대하도록 했다. 대표적 프레임으로 클라이언트 서버시스템(Client Server System) 부분에 주목한 것이다.

둘째, 사내 개발 기술을 경쟁사에게 판매하기로 했다. IBM은 전통적으로 세계 최고 연구 수준을 보유한 기업이다. 그러나 1994년까지 이 연구소에서 개발한 기술들을 활용할 수 있는 회사는 IBM뿐이었다. 그러나 루이 거스트너는 1994년 4월부터 IBM 연구소에서 개발한 기술들을 경쟁사에 판매하기 시작했다. 이러한 전략은 더 다양한 디지털 기기가 경쟁사에서 시장화되는 과정을 거쳐 시장 규모가 더욱 커지고, 네트워크 환경을 통해 시장 규모는 더 커질 것이고, 이는 자연스럽게 IBM에 추가 수익을 생성하는 구조를 시장이 스스로 만들어 가는 결과를 가져왔다.

셋째, IBM이 모든 것을 만들지 않고 IBM을 중심으로 한 파트너십을 통해 시장을 활성화하고자 했다. 이러한 전략적 결정은 IBM에게 손실 부분을 줄이는 효과를 나타냈다. 그리고 첨단기술에만 매몰되어 소비자의 니즈를 몰라 전전긍긍하던 것에서 벗어날 수 있었다. 또한 더욱 많은 기업들과 파트너십을 맺어 고객들을 위한 통합업체로서 선도기업의 위상을 계속 유지하는 효과가 나타났다. 비핵심적인 분야의 투자를 줄이고, 회사가 이미 주도적인 경쟁력을 갖추고 있거나 쉽게 얻을 수 있는 분야에 더 많이 투자하는 환경을 만들게 된 것이다.

넷째, e-비즈니스를 최대한 활용할 수 있는 시스템을 구축했다. 인터넷 시대는 네트워크 컴퓨터가 독립형 컴퓨터를 대체할 거라는 IBM의 예측이 맞아떨어졌다. 이는 텔레콤, 컴퓨팅, 소비가전이 합쳐진다는 IoT(Internet of Things) 개념과도 연결되는 것이다. 인터넷 경제에서는 IBM의 특화된 미들웨어(Middle-Wear)가 중요한 역할을 맡게 되었다. 물론 지금은 이보다 더욱 진화한 블록체인 기술도 등장하고, 보안 영역이나 최근 화제가 되었던 코인 등이 확대되고 있다.

다섯째, IBM의 기업문화를 변화시키는 전략이다. 이것은 기업 내부의 '문화 구축'을 중시하던 문화를 '수행(performance)'을 중시하는 형태로 이끈 것이다. 초기에 창업자 토머스 왓슨 경은 "IBM은 무슨 일이든 최고의 실적을 내고 최상의 고객 서비스를 제공한다. 그리고 개인 각자를 존중한다"고 했다. 이는 수십 년간 IBM을 최고의 기업으로 이끈 원동력임은 분명하다.

그러나 공이 있으면 과도 존재하는 것이다. '최고의 실적을 낸다'는 부분은 완벽함을 추구하는 것에서 벗어나 관료주의 체제 속에서 승인 과정을 거친다. 이는 신속한 의사결정과는 배치되는 결과를 만들어 냈다.

또한 최상의 서비스 제공이 강점인 IBM이 고객들의 취향 변화에 귀를 기울이는 것을 중시하지 않았다. 고객이 원하는 바를 IBM이 결정하는 듯한 오만함으로 비칠 수 있고, 시장을 거스르는 방향으로 가는 결과를 가져온 것이다. 그리고 '개인 중시'라는 가치는 직원들의 능력을 통해 존경을 얻는 것이 아니라, 일종의 기득권에 안주하는 나쁜 관행의 가속화를 일으키게 되었다.

그 후 이와 같은 기업문화를 이렇게 과감히 바꾸었다.

첫째, '우리가 하는 일에 대한 규정은 오직 시장만이 할 수 있다'는 것이다. 이는 세계가 어떻게 움직이는가를 회사가 규정하는 것이 아니고, IBM의 성공은 전적으로 고객들의 니즈에 어떻게 대응하는가에 달려 있음을 머릿속에 각인시키는 것이다.

둘째, 품질을 중시하는 기술기업으로의 재탄생을 천명했다.

첨단기술은 언제나 IBM의 최대 장점이었다. 바로 이 강점을 고객들이 진정으로 원하는 제품을 개발하는 데 집중하도록 방향을 바꾼 것이다. 고객 이외에 중요한 것은 없다는 심정으로 진행하는 것을 말한다.

셋째, 고객 만족과 주주 가치를 통해 성공 여부를 판단하는 문화를 정착시켰다.

넷째, 관료주의를 극소화하고 생산성에 초점을 맞춰 모험적인 조직으로 운영해 나갔다. 모험적인 기업가들은 리스크보다는 이노베이션에 관대하다. 또한 시장 확대를 매우 중시한다. 이러한 문화를 IBM 직원들의 몸에 배도록 한 것이다.

다섯째, 전략적 비전을 잊지 않도록 했다. IBM이 추진하는 일은 매우 중요하다. 조직 내의 모든 사람들은 자신이 무슨 일을 하고, 또한 자신의 능력과 기능이 전체 전략에 어떻게 공헌하는지 알고 실행하는 기업문화를 정착시킨 것이다.

여섯째, 늘 비상사태인 것처럼 행동하고 생각하는 문화를 조성해 나갔다. 생각이 깊은 것보다는 신속하게 행동하는 편이 더 낫다. 주도면밀한 계획과 분석도 중요하지만, 업무 처리를 너무 지연시키는 것은 옳지 않다. 건설적인 성급함 혹은 적절한 충분함이 있는 실행력이 중요하다.

일곱째, 항상 팀으로 일하는 문화를 정착시켜 나갔다. 고객에게 높은 가치를 제공하는 팀워크를 적극적으로 권장한 것인데, 여기서도 주의할 부분은 영역 다툼과 관료주의를 배격하는 것이다.

여덟째, 지역 사회에서 필요로 하는 부분에 민감하게 반응했다. 직원들의 개인적인 성장에 적극적으로 지원을 아끼지 않는 문화도 마찬가지다. 또한 IBM은 회사가 위치한 지역 사회에 지원을 아끼지 않는 문화도 함께 정착시켰다. 그 외에 시니어 리더십 그룹을 구축하여 리더십과 변화의 필요성을 강조하는 문화도 함께 정착시켰다. 즉 기업문화에 필요한 기준을 원칙으로 기업문화와 조직원 모두에게 'WIN-Execute-Team'을 각인시켰다. 결국 루이 거스트너는 리더로서 지혜를 발휘하면서 다음과 같은 내용을 전한 것이다.

첫째, 성공적인 기업과 리더는 한 가지에 명확히 포커싱한다. 즉 고객의 니즈와 그것을 충족시키는 것에 집중한다는 것이다. 이는 현실에 대한 깊은 성찰을 바탕으로 유연하게 실행으로 이끌었다는 점이다.

둘째, 성공적인 기업과 리더는 실행을 중시한다. 시장의 고객들은 기대 이상으로 어떤 특별함을 갖고 고객 만족에 접근하는 기업을 신뢰하게 된다. 또한 최고의 기업이라면 최고의 업무 과정으로의 진화에 힘을 쏟고, 이를 성취해 나간다. 특히 가장 중요한 부분에 집중하고, 이를 중심으로 최고의 업무 프로세스를 갖추는 데 집중한다는 점이다. 더불어 추구하는 가치의 일관성과 의사결정의 일관성을 내재화하여 이를 성과로 이끌어 낸다는 점이다. 또한 모든 의사결정 과정에서 고효율의 문화를 이끌어 내어 모든 사람이 일을 할 때 빠르게 처리하도록 하고, 최선을 다하는 문화를 정착시킨다는 것이다.

셋째, 뛰어난 기업은 반드시 뛰어난 리더가 존재한다. 성공을 지향하는 리더를 중심으로 리더십이 발휘되면 동기부여는 물론 보다 높은 표준을 구축하여 최대 효과를 이뤄 낸다는 것이다. 이러한 모습을 보여 주는 리더는 열정적이고 풍부한 지식과 솔선수범하는 자세로 직접 현장과 부딪히는 역할을 마다하지 않는다. 아니 적극적으로 참여한다.

뿐만 아니라 높은 추진력을 갖고 변화의 주역이 되기를 주저하지 않으며, 커뮤니케이션에 능하고 남의 말을 경청한다. 그리고 모두에게 공정하고 올바른 원칙을 갖고 대하며, 그 과정에서 엄격함도 함께 견지한다. 그리고 자신이 믿고 결정한 가치에 대해서는 양보보다 가치 창출에 최선을 다하는 자세를 갖는다. 유연함과 고집스러움에 대한 '중용'의 지점을 잘 판단하고 관철하는 모습이다.

코끼리를 춤추게 하는 방법은 중앙집권화와 분권화에 대한 적절한 조화를 이루는 것이다. 즉 중용지도(中庸之道)를 구축하는 것이다. 특히 드라마 '스토브리그'의 주인공 백승수 단장이나 IBM의 루이 거스트너와 같은 인물의 심문지(審問之)가 더욱 빛을 발해야 하는 지점이 아닐까 싶다.

3) 드라마 '스토브리그'와 IBM이 보여 준 심문지(審問之)

"깊이 들여다보는 성찰 속에서의 질문을 통해 깨닫는다"는 심문(審問)에 대한 경영학적 관점은 깊고 냉철한 현장 분석이라고 볼 수 있다. 현상은 발견하기는 쉽지만 현상의 이면에 있는 실체를 밝혀 내려면 반드시 치열한 고민이 수반되어야 한다.

공자는 군자와 소인을 비교하여 "군자가 체행하는 중용은 군자로서 시중(時中)함이요, 소인이 중용에 반함은 소인으로서 거리낌이 없다"라고 했다. 즉 군자가 행하는 중용(中庸)은 때에 따라 알맞게 도를 행하는 것임을 강조한 것이다. 바로 이 지점을 우리는 주목해야 한다. 이를 실질적으로 실천하는 방법은 바로 심문지(審問之)를 행하는 자세를 내재화하는 것이다.

창의성이나 영감, 직관 등이 어느 날 불현듯 발현되는 것처럼 보이는 역량은 그 기저에 있는 요소들을 분석하는 것이 선행된다. 수많은 계량적 분석은 물론, 분석에 따른 다양한 시나리오의 시뮬레이션을 실행하고, 그 과정에서 나타나는 장단점에 대한 변수들과의 상관성 및 인과성을 능숙하게 판단하는 역량이 몸에 배면 창의성이라는 꽃을 피울 수 있다. 그리고 심도 있는 분석 작업이 내재화된다면 냉철한 통찰력을 지닐 수 있다.

따라서 IBM의 루이 거스트너 혹은 드라마 '스토브리그'의 주인공같이 심문지(審問之)를 내재화하고 싶다면, 현상에 대한 냉철한 분석력부터 길러야 한다. 숫자를 두려워하지 말고 끊임없이 질문하며, 호기심을 갖고 탐구하는 자세 역시 반드시 필요하다.

사실 '중용'은 극단의 시대 혹은 혼돈 속에 빠진 기업의 생존을 위하여 올바른 중심 잡기와 관련된 지혜를 제공하는 요람이며, 격변하는 환경과 치열한 경쟁 속에서 나타나는 고민의 결과로 인간의 한계 안에서 내리는 최선의 결론을 나타내기 때문에 중요하다

특히 기업의 사례를 살펴보면, 기업은 보편적 가치에 따라 뭉치기보다 이해관계에 따라 헤쳐 모이는 구조를 가지고 있다. 성공이 일반화된 기업은 물론 패배의 나락에서 곧 도태될 위험에 빠진 기업도 같은 상황이 연출된다.

그래서 다양한 타개책이라는 미명 하에 백가쟁명(百家爭鳴)의 의견과 시도들이 난무하기도 하고, 편협한 의사결정 속에서 갈 길을 잃고 헤매기 일쑤다. 즉 날카로운 현장 분석과 올바른 의사결정의 주체가 오락가락하는 것이다. 바로 이 지점에서 필요한 것이 《중용》의 심문지(審問之)다. 진영의 주의주장을 대변하는 극단의 논리가 잘못된 의사결정을 하게 하는 지름길이 된다. 극단의 논리가 아닌 다른 원칙을 수렴하도록 이끄는 것이 바로 '중용'의 역할이다.

'중용'은 이렇게 극단(極端)과 극혐(極嫌)과 극호(極好)라는 잘못된 방향과 원칙에 대해 올바르게 중심을 잡아 주고, 리더의 삶은 물론 기업의 미래를 설정하는 데도 중심추 역할을 할 수 있다. 중용은 '0'과 '1' 사이의 수많은 지점을 하나하나 검토한 후

최선이라면 익숙한 길로 갈 수도 있고, 낯선 길로 갈 수도 있다. 이런 점에서 '중용'은 중심을 잡게 해 주는 삶의 추라고 할 수 있다.

드라마 '스토브리그'에서와 같은 위기를 느끼지도 못하고 벗어나기 위한 방향타를 세우지 못하는 경우라면, 더욱 《중용》의 심문지(審問之)는 중요한 역할을 한다. 그리고 한때는 세상을 지배하기도 하였으나 점차 공룡의 몸집으로 늪을 헤매던 IBM같이 위기 탈출이 절실한 조직의 리더들에게 심문지가 중요하다. 그중에서도 올바른 판단 하에 추진력을 발휘하여 위기 국면을 벗어나려는 지점에서는 특히 더 중요하다.

'스토브리그'의 백승수 단장은 다른 종목 팀을 우승으로 이끌어 본 경험이 있다. 그 경험은 지난한 노력으로 이루어 낸 것이다. 이를 그대로 원용하여 야구단에도 적용했는데, 그 밑바닥에는 심문지라는 통찰력을 발휘하여 정확한 현장 파악이 우선이었다. 선수에겐 출전 기회가 무엇보다도 중요함을 간파한 것이다. 그래서 무대가 필요한 선수와 무대를 경시하는 선수를 구별하고, 이를 통해 영입할 선수와 방출할 선수를 선별하여 팀 전체가 출전해 성취를 이뤄 내는 야구단 조직 문화를 구축한 것이다. 또한 솔선수범으로 존경심을 이끌어 냈다. 이것이 바로 《중용》에서 강조한 내용들을 체화한 모습이다.

루이 거스트너는 월스트리스의 전문 애널리스트들이 IBM은 분할만이 살 길이라는 진단을 내렸으나, 과감하게 혁신의 칼을

빼든 《중용》의 심문지를 구현한 사례로 볼 수 있다. 올바른 판단과 방향 설정, 그리고 다양한 전략을 구사하여 기업의 체질을 개선하고 조직원들과 지향점을 공유하며 함께 가야 한다는 동기를 제공했다. 이 루이 거스트너가 펼친 혁신의 길은 지금처럼 급변하는 환경 속에서 좌표를 잃고 헤매는 기업들에게, 혹은 리더들에게 귀감이 되고도 남는다.

통찰력은 본질을 꿰뚫어보는 힘이니, 어떤 현상이나 정보에 현혹되지 않고 그 안에 숨어 있는 다양한 요소들을 자기 분야에 어떻게 적용할지를 고민하는 것이 핵심이다. 따라서 이러한 통찰력을 강화하기 위해 실천이 가능한 방법들을 알아볼 필요가 있다.

우선 단순한 정보를 많이 보고 듣는 것에 그쳐서는 안 된다. 단순한 지식의 축적은 의미가 없다. 지식을 쌓아놓고 정작 필요할 때 어디 있는지 찾지도 못하고, 해당 지식이 있는지조차 확인이 불가능한 상황을 만들어서는 안 된다. 필요할 때 적절한 내용을 찾아 논리적 과정을 거쳐 문제를 해결하는 방식으로 훈련을 해야 한다.

가장 쉬운 훈련 방법은 신문을 활용하는 것이다. 매일 아침 5분 정도 시간을 내어 기사 제목만 보고 실제 내용을 유추하는 과정을 반복한다. 헤드라인이나 기사 타이틀을 보고 내용을 추론하고, 해당 내용을 숙독하여 서로 비교해 보는 방식이다.

다음은 커뮤니케이션 강자가 되기 위한 노력이 필요하다. 인간은 사회적 동물이고, 혼자서 모든 것을 이루어 낼 수 없다. 따라서 이슈 파이팅이 가능한 주제에 대해 재미있게 들려줄 수 있는 소재를 익히는 과정이 있어야 한다. 요즘 대한민국 콘텐츠가 세계를 점령하고 있다. BTS의 아미, 블랙핑크의 인기 요인이 무엇인지 간략하게 소개할 정도의 노력은 필요한 것이다. 또한 이런 현상들이 사회에 미치는 영향도 한마디 할 수 있기를 바란다. 이는 작지만 중요한 문제가 될 수 있다. 남들이 듣고 싶은 주제와 연동하는 스킬 역시 필요하기 때문이다.

고사성어로도 다양한 상황을 압축적으로 설명할 수 있다. 또한 생각이라는 여백을 제공할 수도 있어 이를 활용하는 것도 좋은 방법이다. 하나하나 축적해 가다 보면 점차 익숙해진다.

이와 같은 통찰력 훈련으로 다양한 시나리오 구성과 미래에 대한 예측 가능성을 향상시킬 수 있다. 이때 미디어에서 제공해 주는 정보를 익히는 것도 중요한 포인트다. 자신만의 전문 영역을 확보하여 다양한 주제와 에피소드를 통해 대화를 좀 더 풍부하게 하는 역량도 반드시 필요하다. 이로 인해 더 많은 사람들과 교류할 수 있고 다양한 정보를 축적할 수 있으며, 이 같은 교류는 다른 사람의 통찰력을 배울 수 있는 기회가 된다. 작은 독서 모임도 좋고, 와인 모임도 좋다. 누군가와의 교류는 다양한 지식의 축적을 가져올 수 있다.

또 다른 방안으로 자기 생각을 메모하는 것도 좋다. 이 메모들이 다양한 경로를 통해 업데이트된다면 통찰력을 향상시킬 수 있다. 여기서 얻은 내용을 자신의 논리로 남들에게 말해 보는 것도 좋다. 말을 하면서 논리가 다듬어지고, 다듬어진 논리는 다양한 추론을 이끌어 낼 수 있기 때문이다.

필자는 우연히 '꿀벌의 세계'를 접할 기회가 있었다. 일벌과 여왕벌로 나뉘기 전 어린 벌들은 미래가 어찌될지 모르고 로열젤리를 먹으며 자란다. 그런데 3개월쯤 지나면 일벌은 로열젤리와 멀어지고, 여왕벌이 되는 벌은 계속 먹는다. 다시 말하면 어떤 벌이 로열젤리를 계속 먹는가에 따라 운명이 갈라지는 것이다.

일벌과 여왕벌의 운명은 너무 다르다. 여기서 우리는 일벌과 여왕벌의 미래를 구분하는 로열젤리를 주목해야 한다. 이에 해당하는 것이 바로 통찰력을 기르는 훈련과도 같은 것이다. 누가 지속적으로 로열젤리를 섭취하는가에 따라 여왕벌의 운명을 확보하게 되기 때문이다.

또 다른 방법은 명상하는 기회를 갖는 것도 좋다. 명상(瞑想, meditation)은 조용히 눈을 감고 차분한 상태로 어떤 생각도 하지 않는 것이다. 명상은 마음을 깨끗이 하고 스트레스를 줄이며, 릴렉스를 촉진시키거나 마음을 훈련하는 데 좋다. 마음을 차분하게 가라앉히고 자기 호흡을 관조하는 방법도 있다. 또 조용한 곳에서 눈을 감고 있기도 한다. 명상은 수많은 전통과 신앙이 존재하던 고대부터 인류와 함께해 온 방법이다.

명상은 자신의 참 자아를 깨닫기 위해 마음을 집중시키는 것이라고 할 수 있다. 현대적 의미의 명상은 마음을 집중해서 얻게 되는 신체적·심리적 이득을 목적으로 하는 대체의학 또는 심리치료의 성격이 강한 것은 분명하다. 그러나 우리가 주목할 지점은, 명상은 복잡한 시대를 살아가는 현대 리더들에게 잠시 내면을 돌아보는 시간을 통해 혜안을 얻을 수 있는 기회를 갖는 것일 수 있다.

마음 챙김이 주목적인 명상은 생각이 일어나지 않도록 막거나, 생각을 어떤 식으로 변화시키려는 것은 아니다. 다만 순간순간 자신의 마음에 무엇이 나타나든 그 생각을 그저 자신만의 몰입 안에서 보는 것이 아니라 타인의 시선으로 한 걸음 물러나서 바라보는 것이다. 아마도 이 시간의 성찰은 또 다른 영감은 물론 통찰력의 새로운 돌파구를 제시해 줄 것이다.

이러한 다양한 훈련을 통해 획득한 통찰력의 출발점은 '왜(why)'로부터 시작된다. 생각은 자주 할수록 연단되는 특징을 지니고 있다. 목적을 갖고 훈련하는 사람들이라면 의식적으로 인식하고, 이에 대한 대략적인 분석을 내놓는 것, 굳이 전문적이지는 않지만 나름대로 결론을 도출해 내는 과정을 거치는 것은 중요하다. 내 주변에서 일어나는 특정 상황에 대해 늘 '왜'라는 잣대를 가지고 생각하는 자세를 지니면 좋다. 이는 의심과는 차이가 있는 것이며, 반드시 분석을 동반해야 한다.

이런 통찰력은 지정의(知情意)로 이루어진 혜안의 골격을 더욱 튼튼하게 해 준다. 지정의에서 지(知)는 cognition(인식/인지), 정 (情)은 emotion(희로애락 속의 감정/정서), 의(意)는 behavior(행동/행실/태도 등)를 의미한다. 이를 근간으로 작은 차이로 큰 차이를 나타내는 요소에 접근해야 한다. 즉 이해와 분석 그리고 적극적인 자세로 미래에 대한 예측도 가능한 깊은 질문과 탐색, 곧 《중용》의 심문지(審問之)를 통한 통찰력을 구축하여 자신의 것으로 내재화를 이뤄 나가야 하는 것이다.

여기서 심문지를 얻기 위해서는 선입견이나 편견을 주의해야 한다. 우리는 익숙함에 관대한 편이다. 선입견이나 편견은 새로운 관점을 통해 나타난 현상에 대하여 왜곡을 일으킨다. 대부분 익숙한 정보와 절차를 사용하는 것이 보통이다. 그러나 이러한 행태는 새로운 시각과 획득한 정보들을 이용하여 새로운 조합을 만들기가 어렵다.

이때 자신의 일과는 조금 다른 여유를 갖고 새로운 시각을 연습하는 N차 관람도 도움이 될 것이다. 즉 선입견이나 편견을 넘어선 새로운 단계로의 진입을 원한다면 고려해야 할 일이 있다. 우선 관심 영역을 우리가 쉽게 접할 수 있는 방법, 혹은 21세기가 미디어 시대임이 분명한 만큼 다양한 콘텐츠를 활용해 보는 것도 좋은 방법이다.

4) N차 관람을 권하는 드라마 '스토브리그'에서의 리더십 명장면

새로 부임한 백승수 단장은 이미 구단에 몸담고 있는 사람들을 만난다. 그러나 그들은 팀 성적은 아랑곳하지 않고 그저 자신의 파벌에서 감독이 나오길 기대하고 있는 상황이다. 백승수 단장도 다양한 경험을 통해, 인간적 의리와 선의를 믿고 기대하는 것보다는 객관적 근거로 판단하고 조직의 성과를 제일 중요시하는 것을 익혀 왔다.

이때 백 단장은 이렇게 말한다.

"믿음으로 일을 하는 거 아닙니다. 각자 잘하자는 겁니다."

이 말은 백 단장의 리더십을 엿볼 수 있는 대목이다. 이를 통해 가야 할 방향과 각자 자신의 역할에서 무엇을 해야 할지를 일깨우는 대화다.

우리는 리더라면 커뮤니케이션을 중요시하고 실천해야 한다고 알고 있다. 그러나 커뮤니케이션 역시 내재적 성찰 속에서 끄집어 내는 중요한 키가 되어야 한다. 그저 가까움을 나타내는 수단이 아니고, 조직의 목표와 방향 설정을 공유하는 데 필요한 커뮤니케이션이 중시되어야 한다. 이에 대한 당위성을 엿볼 수 있는 대화라고 생각한다.

백승수 단장은 팀 분위기를 위해 주전선수인 임동규를 트레이드한다. 그 과정에서 오간 두 사람의 대화를 보자.

"임동규 선수는 홈런 치고 뛰고 그런 거 하는 사람이고, 나는 팀을 새로 조직하고 그러다가 트레이드도 하는 사람입니다."

단장의 말에 임동규는 이렇게 응수한다.

"아! 됐고, 내가 보여 줄게. 한 지역에서 야구를 엄청나게 잘한 놈한테 어떤 힘이 있는지 한 번 봐!"

기득권에게 새로운 방향과 목적을 제시하기 위해 과감하게 주전선수를 트레이드하고 '강두기'라는 팀에 절대적으로 필요한 선수를 영입하는 장면이다.

리더는 늘 기득권에 저항을 일으키는 존재가 될 수 있다. 루이 거스트너가 취임 당시에도 IBM 기득권층들은 자신의 위치는 고정시켜 놓고 변화를 모색하려는 모습이 있었다. 그러나 올바른 리더라면 "변화하지 않는 것은 없으며, 모든 것은 변한다"는 사실과 같이 모두 변화의 대상이 될 수 있음을 알고 이를 활용하고 발현해야 한다.

변화는 누구도 거역할 수 없는 것으로 우리 모두에게 다가오는 파도다. 리더라도, 이미 자리를 안전하게 잡고 있는 기득권층이라고 해도, 닥쳐오는 파도는 누구에게나 공평하다. 변화를 받아들 수 있는 '중용'의 자세가 역시 필요한 지점임을 보여 주는 장면이다.

리더는 늘 돌아보고 또 돌아보는 데 익숙해져야 한다. 자기 자신은 물론 주변 인물들에 대해서도 주의를 기울여 특이한 점들을 확인하는 것이 중요하다. 휴머니즘은 필요하지만, 드러난 사실과 진실을 통해 올바른 판단을 내려야 한다. 그 이유는 모두에게 공정하고 공평한 판단을 위해 리더가 반드시 지녀야 할 덕목이기 때문이다.

백승수 단장은 이세영 팀장과 고세혁(이준혁) 팀장에 대해 대화를 나눈다.

"그 확실하지 않은 근거를 확실하게 확인해 볼 생각은 안 해 보셨어요?"

백 단장이 묻자 이세영 팀장은 이렇게 대답한다.

"단장님은 의심 안 받아 보셨어요? 그때 기분 좋으셨어요?"

이에 대해 백 단장은 "전 아무 의심도 없는 흐리멍덩한 사람과 일하는 것보다 나까지 의심하고 확인하길 바랍니다. 떳떳하면 기분 나쁠 것도 무서울 것도 없습니다"라고 대답한다.

이 외에도 여러 상황에서 두 사람은 의견 대립이 있었다. 그러나 대립은 성공을 향해 나아가는 길에 필요한 부분들이다. 다만 이와 같은 대립이 보다 진일보하는 방향으로 융합되어 수렴 과정을 거치는 것은 중요한 문제다. 이것을 얻으려면 결국 리더의 열린 자세가 절대적으로 필요하다. 또한 스스로를 돌아봄에 있어서도 춘풍추상(春風秋霜)의 자세를 견지해야 하고, 이 과정을 거쳐 목표를 향해 함께 갈 수 있는 것이다.

의견에 대한 조율은 중요한 문제다. 조직 내의 커뮤니케이션이 중요한 이유는 문제를 해결하거나, 프로젝트나 작업에서 효과적으로 협업하기 위함이다. 조직에서의 원활한 커뮤니케이션은 발생하거나 발생 가능한 문제를 발견했을 때 피드백을 제공할 수 있다. 이러한 커뮤니케이션의 목적은 현재 상황을 개선하는 것을 목표로 삼고 진행해야 한다.

선순환을 이루기 위해 가장 중요한 것은 서로 간의 신뢰다. 그러한 신뢰의 근간에는 스스로의 성찰이 선행되어야 함은 당연하다. 스스로에게 심문지(審問之)를 던지는 자세라 볼 수 있으며, 이것을 출발점으로 삼아야 한다.

한편, 백 단장에게는 아픈 손가락 같은 동생이 있다. 이 동생이 전력분석팀에 합류하는 일이 벌어진다.

이 장면에서 중요하게 바라볼 지점은, 누구라도 편견 없이 그 사람이 갖고 있는 재능과 그것이 과연 조직이 지향하고 있는 목표의 방향성과 필요성에 부합하는가에 대한 부분을 평가하여야 한다.

일상에서 트라우마는 늘 존재한다. 이를 극복하는 데는 다양한 도움이 필요하다. 개인의 일만이 아니고, 그가 속한 조직의 비전과 목표에 맞는 조화를 이루기 위한 방안이라면 더욱 좋은 방향이다. 자신에게 닥친 난감한 상황조차도 스스로 심문지(審問之)하는 자세로 극복하는 과정과 동료들의 도움은 필수적이다. 비록 드라마이지만 트라우마를 극복하는 장면에서 시청자들은 심연의 아픔을 치유하는 역할도 할 수 있다고 본다.

리더들은 작은 것 하나라도 놓치지 않기 위해 애를 써야 한다. 이러한 자세를 조직원들이 인식하게 되면 그들의 자세도 달라진다.

백승수 단장은 배팅볼 투수 허진욱의 영입을 성공시킨 후, 한재희에게 이렇게 말한다.

"저(백 단장)는 제가 공을 던질 것도 칠 것도 아니니까 우리 팀에 도움이 되는 모든 걸 다 하는 겁니다. 한재희 씨도 지금 일 마치자마자 유민호 선수 픽업할 거 아닙니까? 그리고 입스 때문에 공 하나 제대로 못 던지고 돌아오는 젊은 투수 기를 살려 주겠다고 마중 나가는 거… 팀을 바꿀 수 있을지는 모르지만, 그냥 우리는 우리 일을 하는 거죠!"

자기가 맡은 일에 최선을 다하는 모습은 알게 모르게 조직의 문화를 개선하고, 이는 자연스럽게 경영 성과로 나타날 수 있다. 여러분도 경험해 본 적이 있을 것이다.

그리고 팀은 전지훈련을 끝내고 가볍게 술자리를 갖는다. 백승수 단장은 선수들에게 우승을 한다면 그건 노력한 선수들 덕분이고, 만약 간발의 차이로 우승하지 못한다면 그건 전지훈련을 국내로 잡은 자신의 탓이라며 선수들이 하나가 되게 이끈다.

그리고 백승수 단장은 천홍만을 통해 임동규를 비롯한 약물 복용 선수들의 명단을 확보하게 된다. 이 장면에서의 리더십은 공은 조직원들에게, 잘못은 자기 자신에게 돌리는 리더의 모습이다. 리더는 스스로에게 심문지의 자세로 냉정하고 엄혹한 자세를 견지해야 한다. 그러나 함께하는 조직원들에게는 신뢰가 싹틀 수 있고, 믿고 따를 수 있는 여지를 보여 주어야 한다. 또한 보이지 않는 책임은 리더가 담당하고, 보이는 공로는 조직원들에게 돌리는 자세를 보여 주어야 한다. 이 장면이 바로 그 장면이다. 또한 리더라는 자리는 조용히 스스로를 위로하는 고독한 자리임을 잘 보여 주는 대목이다.

이어서 시즌 중에 약물 파동과 원정 도박 파문 등을 겪으면서 트레이드되었던 임동규가 백승수 단장에게 항복하는 장면과 대화가 나온다.

원정 도박으로 여론은 임동규에게서 등을 돌렸고, 그렇게 원했던 영구 결번도 물거품이 되었다. 시즌 절반 가까이 경기도 뛸 수 없을 것이다. 트레이드되었던 바이킹스에게도 엄청난 민폐를 끼쳤고, 드림즈도 그에 대한 보상을 해야 하는 상황이 된 것이다.

백 단장이 임동규에게 "지난번에 나한테 얘기했었죠? 드림즈에 남아 있고 싶은 이유!"

임동규 선수를 변함없이 응원해 준 팬들 때문에 드림즈에 있기를 원했던 임동규였다.

"드림즈에서 은퇴하겠습니까? 그럼 어두운 과거를 청산해야 합니다. 불량한 친구들을 멀리하고 저를 존중해야 합니다. 저도 임동규 선수를 존중할 테니까요. 그리고 동료들을 평가하지 말아야 하며, 야구 잘하는 것 빼고는 다 바꿔야 합니다. 예전에 임동규라면 절대 불가능하겠죠. 다시 한번 묻겠습니다. 드림즈에서 은퇴하겠습니까?"

임동규가 대답한다.

"드림즈에 가야죠!"

백 단장은 그렇게 대답하는 그를 받아들이며, "그럼 바이킹스의 김종무 단장과 협상 시작하겠습니다"라고 대답한다.

이건희 회장의 신경영이 떠오르는 대목이기도 하고, 루이 거스트너가 IBM의 기업문화를 뒤집어 엎는 모습과도 오버랩이 되는 장면이었다. 목표를 위해 바꿀 수 있는 모든 것을 심문지의 자세로 혁신을 꿈꾸며, 자신이 설정한 방향성에 맞춰 조직원들을 이끄는 리더의 모습을 보여 주었다.

그리고 또 다른 직원인 임미선 마케팅 팀장에게 확실하게 동기부여를 하는 백 단장의 모습에서 그의 참 리더의 모습을 발견하게 된다.

"전 누군가를 닦달해서 제대로 된 성과를 낼 수 있다고 생각하지 않습니다. 행동을 하면 답이 나올 수 있는 분이 행동을 하지 않는다고 해도 어쩔 수 없다 그 말입니다. 마음속에 있는 불씨를 다시 지피는 건 본인 스스로만 할 수 있다고 믿으니까요."

하지 않을 수 없게 만드는 리더의 참 가르침이다. 결국 임미선 팀장은 광고주들을 일일이 찾아가서 광고를 팔기 시작했다. 그동안 안 해서 그렇지 실력은 녹슬지 않았고, 광고대행사의 힘을 빌리지 않아도 충분히 해결할 수 있는 문제였던 것이다.

리더는 조직원에게 조직의 목표에 부합하는 욕망을 일깨울 필요가 있다. 또한 조직원에게 강력하게 동기부여를 하고, 조직원을 하나로 모아 보다 높은 목표를 성취해 완성하는 사람이다. 루이 거스트너가 IBM의 보상체계를 뜯어고쳐 가면서 시장에 필요로 하는 세계 최고의 기술 선도라는 기업문화를 이끌어 간 모습과 같은 지점이기도 하다.

다시 드림즈로 돌아온 임동규와 강두기 역시 모두 하나가 되어 새로운 다짐을 보여 주는 장면이 나온다. 백승수 단장은 보이지 않는 역할을 통해 팀원들이 하나로 단결하여 보다 큰 성취를 이루게 하는 역할을 수행한다. 이에 따라 선수들도 같은 마음으로 가을야구를 준비하면서 마음을 다진다.

리더는 조직원들이 서로 격려하면서 하나의 목표를 향해 진군하는 역할을 수행하는 자리다. 루이 거스트너 역시 세계 최고의 기술을 보다 시장친화적으로 이끌면서 조직원들의 자부심과 기업의 성과를 동시에 이루어 내는 역할을 훌륭하게 수행해 냈다. 이처럼 드림즈의 백승수 단장은 선수들이 야구의 꽃인 가을야구를 위해 함께 나아갈 수 있도록 팀을 이끈 것은 참 리더의 모습이다.

리더는 이에 대한 방향과 수단 그리고 노력을 행할 수 있는 원동력이 있어야 한다. 그 원동력은 리더 스스로 심문지의 자세를 견지하여야 가능한 것이다. 하나로 나아갈 방향에서 벗어나지 않는 저력의 근간이 되는 것이다.

그런데 백 단장은 또 다른 위기를 맞이한다. 바로 강두기의 트레이드 건이 이슈가 된다. 팀의 간판 타자였지만 여러 가지 문제를 안고 있는 임동규를 트레이드하면서, 팀을 재건하기 위해 영입한 강두기를 팀에서 트레이드하려고 한다. 이 결정은 백 단장 모르게 진행되고 있었다. 그러나 백승수 단장은 이 상황을 수긍하고 수습하기 위한 리더십을 발휘한다. 이러한 리더십에 트레이드 당사자인 강두기는 팀의 일원으로 큰 역할을 한 사람으로 가슴에 새길 말을 한다.

"단장님! 단장님은 이미 많은 것들을 품고, 또 지키고 있습니다. 그러다가 그 안에서 제가 어쩌다가 툭 떨어진 겁니다. 저를 다시 주우시려다가 품고 있는 것들을 잃지 마십시오. 앞으로도 모든 걸 지킬 수는 없을 겁니다. 그때마다 이렇게 힘들어하시면 안 됩니다. 잠시나마 꿈을 품게 해 주셔서 감사했습니다."

백 단장은 그의 말에 수긍하면서 그를 놓아 준다.

리더는 때로는 말도 되지 않은 의사결정을 할 수 있다. 그러나 그에 대한 결과는 오로지 본인의 책임으로 이어진다. 이 장면 역시 그러한 점들을 보여 준다.

위기가 닥치면 리더는 헤쳐 나가야 할 책무를 지는 사람이다. 그것이 리더이고, 리더이기에 받아들여야 하는 숙명이다. 이럴 경우 리더는 스스로에게 되묻는 시간이 필요하다. 바로 심문지의 자세다. 누구라도 당면한 문제에 대한 트리거를 제공하거나 받는 경우가 있다. 팀을 위한 아쉬운 결정도 역시 트리거(trigger)는 필요하다. 다만 이러한 트리거는 믿음과 신뢰라는 단단함 속에서 튀어나오는 것이다. 또한 이렇게 나온 트리거를 받아들이고 활용하는 자세 역시 열린 자세와 스스로의 성찰을 통해 수행이 가능한 것이다.

백 단장은 팀의 재건을 위한 청부사로 합류한 인물이다. 자신의 소임을 달성하기 위한 방향으로 마음에 안 드는 결정이라도 받아들일 수 있는 열린 자세는 근원적으로 모든 문제에 대해 《중용》의 심문지의 자세가 선행되어야 함을 보여 주었다.

이와 같은 위기 뒤에는 팀의 해체가 결정되고, 권경민 사장은 기자회견을 통해 팀 해체를 발표한다. 백 단장은 구단의 새 주인이 될 이제훈 PF(Project Financing) 책임자에게 성공적으로 매각을 마무리한다. 그리고 백 단장은 이제훈 대표로부터 단장직 승계는 어렵다는 통보를 받는다.

백 단장은 "날이 따뜻해진 걸 보면 단장의 시간은 지났습니다"라는 말을 남기고 기꺼이 자리에서 내려온다.

이를 지켜본 이세영 팀장은 백 단장에게 "어떻게든 남을 방법이 없을까요?"라고 한다.

이를 들은 백 단장은 담담하게 "제가 이렇게 떠나는 건 저한테는 익숙한 일이고, 제가 떠나는 곳이 폐허가 되지 않은 건 저한테는 처음 있는 일입니다"라고 소회를 밝힌다.

이에 이세영 팀장은 "아, 이번에도 아무도 단장님을 지키지 못했네요!" 하고 아쉬워한다.

그럼에도 백 단장은 "아니에요. 저한테는 처음으로 무언가를 지켜낸 것으로 기억될 겁니다. 이것만으로도 힘이 많이 날 것 같습니다"라고 말한다.

책임지는 자리는 늘 외롭고 쓸쓸하다. 리더의 고독한 결단은 책임이라는 막중한 무게 속에서 이루어진다. 하루하루 버티는 것 역시 결국 리더의 몫이다. 이것을 견디는 힘은 스스로에게 스스로를 위로할 수 있는 성찰이 있어야 가능하다.

이러한 고독한 결정을 위로해 주는 친구가 있는가?

필자는 감히 여러분에게 《중용》이라고 제언하고 싶다.

06

영화 '죽은 시인의 사회(Dead Poets Society)'에서 보여 준 리더십

가능성과 도전에 대한 리더의 참다운 자세

博學之

1) '죽은 시인의 사회'라는 영화

우리가 즐겨보는 영화 혹은 드라마와 같은 영상 콘텐츠들은 다양한 메시지를 전달한다. 웃음도 있고, 사랑도 있으며, 희극적인 페이소스를 보여 주기도 하고, 복합적인 메시지를 전달하기도 한다.

영화에서 리더십에 관한 메시지도 다양하게 펼쳐진다. 어떤 영화는 권위적이고 강압적인 리더십을 보여 주기도 하고, 어떤 영화는 희생적이면서도 봉사하는 리더십을 보여 주기도 한다. 그리고 묵직하게 나아가야 할 리더십의 방향도 전해 준다.

수많은 영화 중에 여기서는 '죽은 시인의 사회'를 살펴보고자 한다. 이 영화에서 보여 주는 영상과 배우들의 모습은 교육적인 문제를 다루고 있다. 그러나 주인공의 역할과 행위를 관찰자 입장에서 보면, 리더십의 전형적인 모습을 보여 주는 영화다. 주인공인 존 키팅(로빈 윌리엄스) 선생님의 리더십에 대한 열린 자세가 우리에게 큰 울림을 준다.

이 미국 영화는 1990년에 개봉한 피터 위어 감독의 작품으로 아카데미 각본상을 수상했다.

영화는 1959년 버몬트의 개신교 귀족 학교 분위기가 물씬 풍기는 사립학교에서 벌어지는 교육 활동을 소재로 하고 있으며, 주요 내용은 각본가 톰 슐만의 자전적 경험이다. 촬영지는 델라웨어 주에 있는 앤드류학교이며, 톰 슐만은 테네시 주 내쉬빌의 몽고메리 벨 아카데미를 졸업했다. 여러분도 고교시절을 돌아보면 여러 가지 추억이 떠오를 것이고, 잠시 그때를 회상해 보면 힐링을 느끼게 될 것이다.

영화 '죽은 시인의 사회'는 미국의 대학 입시에 관한 내용으로 명문 고등학교인 '윌튼 아카데미'가 배경이다. 공부가 인생의 전부인 학생들이 아이비리그에 가기 위해 고군분투하는 사립학교에서 어떤 일이 벌어질까?

아이비리그(Ivy League)는 미국 동북부에 있는 8개 명문 사립대학 또는 이들 8개 대학으로 구성된 스포츠연맹을 가리키는 말이다. 그런데 점차 8개 사립대학을 통칭하는 명칭이 되었다.

아이비리그를 구성하는 대학들은 학문적 수준, 교수진과 연구진, 시설 및 장학금제도 등이 매우 우수하고 졸업생들이 사회에 미치는 영향력 등으로 명성이 자자하다.

대학 순위 평가에서도 높은 순위를 차지하고 있는 8개 대학은 하버드(Harvard, 1636년), 예일(Yale, 1701년), 펜실베이니아(Pennsylvania, 1740년), 프린스턴(Princeton, 1746년), 컬럼비아(Columbia, 1754년), 브라운(Brown, 1764년), 다트머스(Dartmouth, 1769년), 코넬(Cornell, 1865년) 대학교다. 이 대학들 중에 코넬대를 제외하고 모두 미국이 독립 전 영국 식민지 시대에 세워진 유서 깊은 대학들이어서 '에인션트 에이트(Ancient Eight)'라고도 부른다. 또 '아이비스(Ivies)'라 불리기도 한다.

펜실베이니아대학의 담쟁이 덩굴

'월튼 아카데미'에 새로 부임한 영어 교사 '존 키팅'은 이 학교를 거쳐 옥스포드를 졸업한 젊은 교사다. 그는 자신을 선생님이 아닌 "오, 캡틴, 나의 캡틴"이라 불러도 좋다고 말하며, 기존 선생님들과는 달리 독특한 수업 방식으로 학생들에게 신선한 충격을 안겨 준다.

'죽은 시인의 사회'라는 동아리를 만든 존 키팅 선생님은 엄격한 학교 분위기에 맞지 않게, 한 교과서에 시를 평가하는 구절이 마음에 들지 않자 찢어 버리라고 하거나, 아이들에게 카르페 디엠(carpe diem) 정신을 가르치는 등 자유분방한 사람이다. 명문대 입학을 최고 목표로 여기는 월튼의 학풍을 거부하며 학생들에게 가르치고자 한 것은, 능동적이고 창의적인 삶이 얼마나 큰 행복을 가져다 주는지를 알게 하는 거였다.

그가 가르친 카르페 디엠은 '지금 살고 있는 이 순간에 충실하라'는 뜻의 라틴어다. 본래 카르페(Carpe)는 '뽑다'를 의미하는 카르포(Carpo)의 명령형이었지만, 로마 황제 옥타비아누스는 '즐기다, 잡다, 사용하다, 이용하다'라는 의미로 사용하였다. 그리고 디엠(Diem)은 '날'을 의미하는 디에스(dies)의 목적격으로, 굳이 우리말로 표현하자면 '현재를 즐겨라'라는 뜻이다.

이 카르페 디엠에 관한 유래는 로마제국의 황제 카이사르의 조카인 옥타비아누스라는 인물이 카이사르 사후에 다른 두 사람과 함께 로마를 다스리게 된다. 로마제국은 계속 전쟁을 하는 상황이었으며, 옥타비아누스는 이집트 여왕 클레오파트라와의

영화 '죽은 시인의 사회' 포스터

영화와 드라마에서 배우는 중용의 리더십

전쟁을 승리로 이끈다. 이후 그는 로마에서 가장 강력한 권력을 손에 쥐게 된다. 그리고 그는 황제로 등극하고, 로마는 '팍스 로마나(Pax Romana, 로마의 평화)'라는 시기를 맞이한다.

이 시기에 시인 호라티우스(Quintus Horatius Flaccus)가 자신의 시집에 '카르페 디엠'이라는 말을 썼는데, 그동안 수많은 전쟁을 겪으며 슬픔과 공포에 떨던 로마 시민들에게 이제는 마음 편히 쉬어도 된다는 의미로 사용하였다. 특히 시인 호라티우스는 말과 행동이 같은 사람으로, 황제의 비서가 되어 달라는 부탁도 거절하고 일생 동안 즐기면서 살았다고 한다. 이후에 사람들이 '카르페 디엠'이라는 말을 '마음 편히, 오늘을 소중히 여기며 살자'라는 뜻으로 즐겨 사용해 왔다.

이러한 카르페 디엠에 충실하고자 한 존 키팅 선생님은 학생들에게 희극을 읽어 주기도 하고, 교실을 벗어나 정원에서 시를 낭송하기도 하면서, 공을 차라고 하는 등 파격적인 교육을 실행한다.

그러던 중 한 학생이 오래전에 존 키팅 선생님이 학창시절 활동했던 '죽은 시인의 사회(Dead Poets Society)'라는 고전문학 클럽에 대해 우연히 알게 된다. 그리고 자기들도 학교 근처 동굴에서 선생님처럼 같은 클럽 활동을 할 것을 제안했고, 학생들은 클럽 활동을 하면서 나름대로 진정한 삶에 눈뜨게 된다.

그런 파격의 연속이 진행되면서 찰리 댄튼(게일 핸슨)이라는 학생이 '죽은 시인의 사회'라는 동아리를 노출시키면서 위기를 맞게 된다. '죽은 시인의 사회'는 밤에 몰래 나가 각자 원하는 시를 낭송하는 형태로 운영되었었는데, 찰리 댄튼이 장난 삼아 학교 신문에 '애인 구함'이라는 광고를 낸 것이다. 전통, 명예, 규율 그리고 최고를 4대 원칙으로 하는 전통 있고 보수적인 월튼 아카데미에서는 있을 수 없는 일이 벌어진 것이다.

월튼 아카데미는 발칵 뒤집혔다. 그런데 엎친 데 덮친 격으로 교장 선생님이 전교생을 불러 솔직하게 누가 이런 바람직하지 않은 광고를 냈는지 말하면 용서하겠다고 하자, 찰리 댄튼은 한 편의 코미디를 보여 주며 오히려 보수적인 교장 선생님에게 한 방 먹인다.

찰리 댄튼은 그 대가로 크리켓 채로 엉덩이를 맞는 체벌을 받았지만 '답을 하라'는 교장 선생님의 채근에 끝까지 '모르쇠'로 일관한다. 그러는 와중에 이 일로 인해 '죽은 시인의 사회' 동아리의 존재는 모두에게 드러나게 된다.

한편, 녹스(조쉬 찰스)라는 학생은 크리스(알렉산드라 파워스)라는 여학생을 우연히 알게 되어 사랑에 빠지면서 시를 써서 여학생에게 고백한다.

또 다른 모범생 닐 페리(로버트 숀 레오나드)는 의사가 되길 희망하는 엄격한 아버지 밑에서 힘들어하다가 우연히 셰익스피어의 '한여름밤의 꿈'이라는 연극에서 주연을 맡으면서 자신의 자질과 능력을 발휘한다. 닐 페리는 동아리 활동을 그만두고 공부에 충실하라는 아버지 말을 어기고 몰래 '한여름밤의 꿈'의 '퍽' 역을 따낸다. 결국 허락 없이 연극을 한다는 것을 알게 된 아버지는 공연 전날 소문을 듣고 연습 장소로 쳐들어가 당장 그만두라고 명령한다. 닐 페리는 정말 연극을 하고 싶었으나, 아버지 앞에서는 아무 말도 못하고 그러겠다고 대답한다.

그렇지만 닐 페리는 존 키팅 선생님을 찾아가 "나에게 연극은 모든 것이고 이제까지 해 본 적이 없는 유일하게 하고 싶은 것"이라고 털어놓으면서도 "우리집은 부자도 아니고 아버지는 내가 의사가 되길 바라니까 어쩔 수 없다"고 체념하는 말을 한다.

그러자 키팅 선생님은 "지금 내게 한 말을 아버지에게 하고 너의 열정을 보여서 허락을 받아내"라고 격려해 준다.

그러나 닐은 아버지에게 허락을 받지 않고 그냥 연극에 나가기로 결심한 후, 선생님에게는 아버지에게 허락을 받았다고 거짓말을 한다. 물론 키팅 선생님은 이를 눈치챘지만 모르는 척한다. 하지만 닐의 아버지는 말없이 연극을 보러 오고, 닐은 최선을 다해 연기한다. 그런데 공연 후 친구들과 선생님을 뒤로하고 아버지에게 끌려간다.

닐은 아버지에게 심한 꾸중을 들은 뒤 날이 밝으면 유년사관학교에 강제 전학을 시키겠다는 폭탄선언을 듣고 나서 아버지를 더 이상 설득할 자신을 잃어버린다. 결국 연극을 마치고 집으로 돌아온 날 밤, 닐은 '퍽'이 쓰는 관을 다시 써 본 뒤 아버지 서재에 보관되어 있던 권총으로 짧은 생을 마감한다.

닐이 선택한 죽음의 책임을 닐의 부모는 다른 사람에게 전가

시키려 한다. 그리고 학생의 자살을 감추고 싶었던 교장 선생님 역시 희생양을 원한다. 결국 학교는 키팅 선생님을 제물로 삼아 자살 사건을 수습하려 한다. 개신교 계통 학교라면서 아무렇지도 않게 세상을 향해 기만을 행하는 모순이 벌어지는 현장이었다.

그런데 리차드 카메론(딜란 커스먼)은 닐이 '죽은 시인의 사회' 동아리 회원이었다는 것과 키팅 선생님이 연극에 나갈 수 있도록 격려했다고 실토한다. 이를 빌미로 교장은 처음부터 눈엣가시로 여겼던 키팅 선생님을 희생양으로 삼기로 한다.

이러한 내용을 듣게 된 찰리 댄튼은 카메론에게 욕을 한다. 그러자 카메론은 "선생님이 우릴 부추긴 게 맞고, 선생님이 아니었으면 닐은 죽지도 않고 의사가 되었을 거야"라고 외치다가 댄튼에게 한 대 얻어맞는다.

그리고 교장은 불문에 부칠 것이라는 조건을 달아 연극부 회원들을 부모와 함께 불러 상담한 다음, 존 키팅이 이 모든 일에 책임이 있다는 증언을 강요하고 거부하면 퇴학이라는 협박 같은 심문을 한다.

유일하게 찰리 댄튼은 이를 인정하지 않고 퇴학을 선택한다. 그러나 나머지 회원들은 부모와 교장의 압박에 못 이겨, 키팅의 잘못으로 인한 해고의 당위성을 인정하는 조작된 문서에 서명을 한다. 존 키팅은 부모의 그릇된 욕망으로 사랑하는 제자를 잃었음에도, 책임 회피에 혈안이 된 학교 측의 강요로 학교를 떠나게 된다.

그 후 키팅 선생님이 담당했던 문학수업은 임시로 교장이 맡게 된다. 그러나 교장의 수업은 오로지 진학만을 위한 비평이론에 치우친 처음으로 돌아간다.

그렇게 다시 수업이 시작된 날, 키팅은 두고 온 물건이 있어 교실에 들어선다. 이때 토드 앤더슨(에단 호크)이 갑자기 일어나, "우리는 교장 선생님의 강요로 서명을 할 수밖에 없었다"고 외친다.

존 키팅의 결백을 주장하는 토드 앤더슨의 말에 놀란 교장은, "자리에 앉아서 조용히 하지 않으면 퇴학시키겠다"고 으름장을 놓는다.

그러나 잠시 후 토드 앤더슨은 책상 위로 올라가 월트 휘트먼(Walter Whitman)의 시 한 구절이자 평소 제자들이 존 키팅을 부르던 별명 '오 캡틴! 마이 캡틴!(O Captain! My Captain!)'을 외친다.

그 모습에 자극받은 일부 학생들이 교장의 명령에도 굴하지 않고, 떠나는 존 키팅을 향한 마지막 인사로 책상 위에 올라간다. 진정한 교육을 선사했던 키팅 선생님의 마지막 모습에 학생들은 하나둘 책상을 밟고 올라서서 경의를 표한다.

이 모습은 영화를 본 사람에게 강렬한 인상을 준 명장면이다. 이 장면에서 보여 준 감독의 메시지는, 아마도 다수 혹은 타인의 강요에 의한 선택이 아닌, 자유의지의 의미를 학생들이 깨달았음을 암시하기도 한다. 더불어 이를 본 사람들에게 전하는 강력한 메시지가 아닐 수 없다.

키팅 선생님을 위해 마지막 인사를 하는 제자들의 퍼포먼스

2) '3M' 기업문화에서 볼 수 있는 열린 자세에 대한 리더십

여기서 다루는 '3M' 기업문화에 대한 리더십 사례는 특정 인물이 아니라 기업문화라는 무형의 자산을 통한 리더십이다.

기업문화는 그 기업만이 갖는 경영 이념이나 행동 규범 혹은 조직 구성원들의 활동 지침이 되는 규범에서 비롯된 공유 가치 또는 신념의 체계를 뜻한다. 이러한 기업문화는 구성원들에게 정체성을 부여하고, 개인의 이익보다는 기업 전체의 이익에 무게를 두는 자세를 갖게 한다. 이로써 조직의 안정감이 증대되고, 구성원 모두에게 큰 영향을 발휘한다.

이런 기업문화의 특성은 기업의 전략 수행에 영향을 미치고,

구성원들에게 가치와 행동기준을 제공한다. 그래서 구성원이 갖는 내면화된 가치관, 사고방식, 행동양식 등을 좌우하는 기업 문화는 경영 환경이 복잡하고 조직의 분화가 심할수록 경영의 중심추 역할을 한다. 뿐만 아니라 전략의 효율적 운용과 언제 올 지 모르는 위기를 극복할 수 있는 힘도 지닌다. 또한 경영 활동의 성공 여부를 결정할 정도의 막대한 영향을 미치기도 한다.

특히, 급변하는 경영 환경은 소프트적 요소뿐 아니라 하드적 요소에서도 불확실성을 넘어 미래에 대한 예측을 좀 더 정확하게 분별할 수 있는 리더십을 요구하고 있다. 따라서 차별화된 이미지를 창출하는 데 중요한 역할을 하는 기업문화의 중요성은 날로 확대되고 있다. 더불어 기업문화의 특장점이 뛰어날수록 경영 성과를 훌륭하게 창출하는 사례들도 많이 찾아볼 수 있다.

《포춘(Fortune)》이 극찬한 '가장 존경받는 기업'이고 〈월스트리트 저널〉이 뽑은 '혁신기업 1위'를 차지한 기업이며, 세계 5대 컨설팅 업체 중 하나인 부즈앤컴퍼니(Booz & Company)가 선정한 '가장 혁신적인 기업 3위'의 기업이 있다.

이렇게 화려한 수식어가 붙은 기업은 미국의 과학, 광학, 제어 장비 제조기업인 '3M'이다. 이와 같은 표현들은 곧 3M의 정체성(Identity)이자 그들이 추구하는 가장 중요한 핵심 가치로 리더십과도 맥이 통한다. 기업에게 반드시 필요한 핵심 가치 중 대표

전략은 '혁신'이며, 3M의 기업문화는 '젊은 100년 기업'이라는 별칭을 얻을 정도로 독보적이다.

우리에게 친숙한 기업으로 알려진 3M은 포스트잇이나 스카치테이프 등 사무용품이 먼저 떠오르는 생활밀착형 기업 이미지가 강하다. 그러나 1902년 설립 당시에는 광산 회사였다. 그리고 3M의 사무용품은 전체 매출의 16% 정도밖에 되지 않는다. 다른 영역의 매출은 대부분 의료용품, 전자기기 부품, 조선·자동차 부품 등 약 6만5천여 가지 제품에서 이루어지고 있다. 그뿐 아니라 매년 300여 가지의 신제품을 쉼 없이 출시하고 있다.

그리고 3M은 매우 다양한 포스트잇 제품군을 갖고 있다. 이 포스트잇에 대한 개발 사례는 3M의 기업문화에 대한 단면을 보여 주는 측면이 매우 강하다.

1974년 당시 화학기사로 근무하던 아서 프라이(Arthur Fry)는 포스트잇에 사용되는 특수접착제를 발명한 사람은 아니다. 이것은 강력한 접착제를 만들려는 동료 연구원이 개발한 '실패작'이었다. 접착성은 있지만 잘 떨어지는 성질을 갖고 있었다. 그런데 이 '실패한 접착제'를 메모지에 응용하여 화학기사였던 아서 프라이가 새로운 제품성을 살린 것이다.

그는 어느 날 성가대 연습을 하다가 악보 사이에 끼워 둔 책갈피가 자꾸 떨어져 나가 불편함을 느꼈다. 그 후 이 접착제를 이용하여 간편하게 붙였다 뗐다 할 수 있는 메모지를 만들어 낸다. 그러나 처음에는 책갈피 외에는 마땅치 않아 수익을 낼 수 있을지 의문이 들었다. 다른 회사였다면 이 단계에서 접착 메모지 개발을 멈추게 했을 것이다.

그런데 3M에서는 직원들에게 이 메모지를 직접 사용하게 하고 쓰임새를 발견했다. 발명한 사람도 예상하지 못한 사용 가치를 찾아낸 것이다. 3M은 이 '실패한 접착제'를 메모지에 응용, 제품성을 살린 포스트잇을 7년간의 내부 검토와 사전 준비 끝에 1981년 드디어 본격적으로 소비자에게 선보였다.

이렇게 탄생한 포스트잇을 연간 5억 달러 매출을 담당하고 있으며, 우리나라의 경우 20억여 원의 매출을 기록하는 상품으로 탄생한 것이다. 성공을 이끈 아더 프라이는 "이러한 성공은 결코 우연이 아니다"라고 강조했다. 그리고 한 인터뷰에서 이렇게 말했다.

"한 부서에서 연구하고 개발한 결과를 다른 부서가 공유한다면 사업성이 강한 제품을 만들어 낼 수 있습니다."

몇 번이고 붙였다 뗐다 할 수 있는 메모지, 그러면서도 붙인 자리에 손상을 주지 않는 세계적인 히트상품 포스트잇은 이렇게 개발되었다.

세계적 기업 3M의 업무 분위기와 연구 풍토는 이 같은 혁신적인 제품의 탄생에 크게 기여해 왔다. 3M은 미국 본사에만 7천여 명의 연구진이 50개 사업부에서 일하고 있지만, 공식적·비공식적 모임을 통해 개발된 제품 정보를 서로 공유하도록 한다. 이와 같은 기업문화는 실패작에 완전히 다른 새로운 가치를 부여하여 성공으로 전환해 내는 혁신을 이뤄 냈다.

3M 역시 혁신이라는 화두를 달고 사는 기업이지만, CEO에 따라 리더십의 변화로 기업문화에 부침을 겪기도 했다. 한때 3M의 기업문화가 단절되어 2000년대 초반 10여 년간 잦은 갈등을 겪기도 했다. 즉 외부에서 영입된 CEO가 전통적인 혁신 중심의 기업문화를 효율 중심으로 전환하려 했다. 그 과정에서 진행하던 다양한 프로그램으로는 기업문화를 바꿀 수 없다는 것을 깨닫게 된다.

3M 최초 혁신가이자 '3M의 전설'인 윌리엄 맥나이트(William McKnight) 회장은 연구개발, 품질관리, 판매기술을 매우 중시하였다. 그는 인사관리와 직원의 가치를 잘 이해한 경영자였으며, 관용과 권한 위임을 중시하여 분권화된 조직을 운영한 인물로 유명하다. 그는 장기간 대표직을 수행하면서 "가장 훌륭하고 가장 어려운 일은 모험과 도전정신으로 이루어진다"면서 3M 특유의 혁신적인 기업문화를 태동시켰다. 이후 내부자 중심의 CEO 승계를 통해 그의 경영철학과 기업문화가 유지되어 왔다.

제임스 맥너니(James McNerney)는 3M 최초 외부 영입 CEO인데, 그는 제프리 이멜트(Jeffery Immelt), 잭 웰치(Jack Welch)와 최종 후보 경쟁에서 차점자였던 인물로, GE그룹에서 세계적으로 촉망받던 경영자 중의 한 사람이었다. 그는 2000년 말 GE를 떠나 3M의 CEO로 선임된 이후, "3M의 DNA를 바꾸어 놓겠다"고

공언하며 6시그마(Six-Sigma) 도입 등 효율성을 개선하는 프로그램을 통해 성과 향상(평균 22% 이윤 성장)을 주도했다.

그런데 이 과정에서 8,000여 명의 직원을 해고하는 등 조직의 슬림화와 R&D 등에 필요한 비용 삭감 및 핵심 역량에 주력하는 전략적 결정으로 투자자 및 증권가의 대대적인 환영을 받은 바 있다. 하지만 그의 효율 중심적 행보는 기존 3M의 혁신과 창의의 기업문화와 달라, 많은 경영상의 혼란을 야기했다는 비난도 받았다. 결국 그는 2005년 말 3M을 떠났다.

이후 3M은 운동기구 생산업체인 브런스윅(Brunswick) 출신의 화공엔지니어 박사 조지 버클리(George Buckley)을 영입해 "Back to the Basic!"이라는 슬로건 아래, 혁신과 효율성 사이의 균형을 지향하고 R&D 비용을 확대하면서 맥너니 회장의 핵심사업 영역인 의약품 부문의 매각 등을 단행했다.

그는 직원들에게 기업과 리더에 대한 신뢰를 강조하였으며, 혁신적인 조직문화와 리더십을 강조하였다. "혁신이란 본질적으로 무질서한 과정이다"라는 말을 통해서도 알 수 있듯이, 기술기반의 신제품 개발 전략으로 회귀한 것이다.

2012년에 취임한 현 CEO 잉게 툴린(Inge Thulin)은 스웨덴 출신으로 1979년 3M에 입사하여, 유럽 등 국제경영전문가로 활동한 인물이다. 취임 후 경영상의 특징적 변화는 아직 많이 회자되지는 않았다.

결론적으로 3M은 2000년대 초반 10여 년 동안 최고경영자의 변화에 따른 정반합(正反合, thesis, antithesis, synthesis)의 과정을 통해 향후 3M의 미래를 위한 기업문화의 소중함을 기업 전체가 학습할 기회를 가졌다.

이와 같은 부침을 겪은 3M도 소비자에게 각인되는 이미지는 정말 중요한 문제 중의 하나로 여겼다. 소비자가 인식하는 기업의 이미지를 만드는 방법에는 여러 가지가 있다. 아마도 가장 친근한 방법은 브랜드 스토리를 만드는 것이다.

브랜드 스토리를 만드는 방법 중에 최근 신세계그룹 정용진 부회장이 SNS로 소통하는 것과 같은 방식으로 오너의 기업철학을 바탕으로 한 퍼포먼스도 있다. 또 샤넬과 같이 칼 라거펠트가 펼친 패션 브랜드로 오랜 역사를 가진 코코 샤넬의 탁월한 디자인에 대한 것일 수도 있다. 한때 우리나라에서 공전의 히트를 기록한 영화 '왕의 남자'의 주인공을 활용하여 히트한 석류음료, 마치 동화와 같이 한 인물을 활용하여 아예 새로운 스토리텔링을 만들어 내는 방법도 있다.

아무튼 어떤 소재나 방식을 활용하느냐에 따라 그 기업이 추구하는 가치와 철학의 방향성을 이뤄 내는 것은 아주 좋은 마케팅 툴이 될 수 있다. 3M은 포스트잇의 개발 사례를 활용하여 연구원들의 아이디어와 열정을 적극적으로 지원한다는 철학을 드러내는 방식을 전개한 것이다. 이는 매우 훌륭한 방법이기도 하고, 기업 내외부 사람들에게 3M의 기업문화가 실패를 뛰어넘어 늘 열려 있는 자세를 가진 기업임을 알려 주는 브랜드 스토리라고 생각한다.

즉 3M의 기업문화는 연구원들이 창의성을 발휘하는 데 지원을 아끼지 않으며, 연구개발을 위해 투자를 마다하지 않는 기업이라는 메시지를 시장은 물론 소비자인 우리에게 깊이 각인시키는 결과를 이룬 것이다.

결국 21세기의 기업 경쟁력은 인재 경영과 함께 열린 기업문화 속에서 나타난다는 것을 알 수 있다. 특히 우리가 살펴본 3M이 보여 준 혁신 사례들의 원동력은 바로 '10, 15, 30'이라는 원칙이다.

3M은 '10%, 15%, 30% 원칙'을 경영 방침으로 설정했다. 10% 룰은 최근 1년 내에 개발된 신제품 매출이 전체 매출의 10%여야 하고, 15% 룰은 직원들이 업무시간의 15%를 새로운 관심 분야에 쓸 수 있도록 하며, 30% 룰은 연간 총 매출의 30%는 최근 4년 이내에 출시된 신제품에 의해 달성되어야 한다는 것을 의미한다.

3M은 3개의 M, 즉 미네소타(Minnesota), 채굴(Mining) 그리고 생산(Manufacturing)을 의미한다. 우리가 갖는 3M의 기업 이미지는 세계적인 아이디어 기업이라고 표현할 수 있다. 3M은 포스트 잇, 스카치테이프 등을 비롯해 매년 다양한 신제품을 출시하는 것으로 유명하다. 이러한 성과의 배경은 지속적으로 직원들이

'칼튼 소사이어티(Carlton Society)' 초기 멤버들

창출해 낸 아이디어를 사업화하는 전략적 의사결정의 원동력은
'제안제도'라고 할 수 있다. 이 제안제도가 활발하게 일어날 수
있는 기업문화가 그 바탕인 것이다.

결국 3M의 기업문화에 대한 성공사례는 늘 아이디어를 주시
하고, 이를 살리도록 노력하는 기업문화의 정착과 어떤 실패라
도 하나의 학습으로 간주하는 문화가 있었기에 가능했다.

또 아이디어를 제공하고 그에 대한 성공이 확정되면, 단순히
금전적인 인센티브를 주는 것이 아니라 최고로 명예로운 '3M의
노벨상'에 해당하는 '칼튼 소사이어티(Carlton Society)' 자격을 부
여하고 있다. 이 방식은 진정한 존경의 의미를 담은 명예를 수
여하는 것이다. 이와 같은 배경은 단순히 인센티브제도 차원을

넘어 탄탄하고 건전하며 진취적인 구조를 설계하는 기업문화의 바탕이 된 것으로 볼 수 있다.

이 명예로운 '칼튼 소사이어티' 멤버 자격을 가진 이 중에 셰릴 무어(Cheryl Moore)라는 분이 있다. 그녀는 3M 연구실에서 가장 낮은 직책인 테크니션으로 시작했다. 야간대학을 다니며 학위를 취득한 그녀는 20여 년이 지난 1995년, 의료용 점착제 개발에 기여한 공로를 인정받아 명예의 전당 '칼튼 소사이어티' 멤버가 되었다. 그리고 다시 5년이 지난 후 3M 최고 연구 전문가들로 불리는 '기업 과학자(corporate scientist)' 멤버에 이름을 올리기도 했다. 그녀는 1972년부터 2013년까지 매일 연구실로 출근했으며, 고래를 위한 반창고와 전자제품에도 사용할 수 있는 점착제, 신축성이 뛰어난 밴드 등 다양한 제품을 발명하는 데 기여하였다.

그 셰릴 무어가 이런 말을 남겼다.

"상을 받는 것이 중요한 게 아닙니다. 일을 지속할 수 있도록 이끄는 열정이 중요한 거죠. 새로운 점착제 개발에 성공하면 다른 사람들을 위한 일자리가 생깁니다. 거기서 보람을 느끼죠."

이 같은 사례들을 보면 훌륭한 기업문화가 얼마나 큰 울림과 파급 효과를 나타내는지를 알 수 있다.

기업문화라는 개념은 《중용》에서 말하는 박학지(博學之)의 자세를 지닐 수 있는 일종의 리더십에 관한 무형의 주체로 볼 수 있다. 늘 열린 자세로 기업이라는 조직의 전략적인 성공을 이끌어 가는 기업문화에 대해 좀 더 가치를 두어야 할 뿐만 아니라 경영 전략의 자산으로 구축해야 한다는 것을 알 수 있다.

이에 대한 기본적인 출발점이 《중용》의 '박학지'와 같은 자세다. 박학지는 '넓게 알 수 있는 자세'로 작은 것 하나도 허투루 보지 않고 자신이 추구하는 바를 위한 도구로 활용하는 것이 중요하다는 것이다.

이 책에서 주장하는 N차 관람을 통해 배우는 리더십도 같은 맥락에서 박학지 자세의 하나라고 보아도 무방하다.

경영 환경의 불확실성이 커지면서 리더 한 사람에게 의존하는 '1인 리더십'의 한계는 분명해지고 있다. 하지만 영화 '죽은 시인의 사회'에서 존 키팅 선생님으로부터 시작된 열린 자세는 학생들에게 참 리더의 모습을 실천적으로 보여 준다. 그 보여진 지점은 곧 진정성의 발로이며, 이것이 바로 리더십의 출발점임을 알 수 있다.

가끔 비유를 통해 설명하는 경우가 있다. 과거에 들은 이야기도 있고, 책에서 본 이야기, 지인이나 선생님으로부터 들은 이야기일 수도 있다. 여기서 필자는 지혜의 보물창고인 《중용》을 추천한다.

'중용'은 아주 극명하게 정의하자면 더함도 덜함도 없는 평정한 상태를 유지하는 것이다. 경중(輕重)이 없는 것이 아니고 경중

(輕重)을 분별할 줄 아는 지혜, 많고 적음을 판단하지 않고 분별하여 가릴 줄 아는 지혜를 말한다. 그래서 《중용》은 늘 열린 자세로 사물을 바라보고 이치를 분별하는 능력에 절대적인 도움을 주는 지침서라고 생각한다. 특히 그 출발점을 박학지(博學之)의 자세로 삼아야 한다고 말하고 싶다.

박학지(博學之)의 박(博)은 '넓다, 깊다, 많다, 크다, 넓히다, 넓게 하다' 등의 다양함을 말하고, 학(學)은 '배우다, 공부하다, 익히다' 등의 의미를 지닌다. 지(之)는 '쓰다, 사용하다' 등의 의미로 실천적인 행동을 동반한다. 이와 같은 의미로 이루어진 박학지(博學之)는 넓고 깊게 익히고 배우는 실천적인 자세를 가리킨다.

다만 들어갈 공간이 있어야 지혜가 쌓이고, 쌓아야 할 지혜는 크고 깊은 의미를 모두 품어야 하는 것이다. 더불어 행동은 몸으로 익혀 다른 사람과의 상호작용 안에서 발현되도록 힘써야 한다.

3) 아리스토텔레스의 중용과 존 키팅이 보여 준 박학지(博學之)

고대 그리스 철학자이자 인문학의 위대한 스승인 아리스토텔레스도 '중용'에 대한 지혜를 전하고 있다. 그의 중용(Moderation)은 그가 주장한 윤리학의 핵심 사상이며, 많음과 적음 어느 쪽에도 치우치지 않는 적당함을 취하는 용기를 말한다. 양적인 중간을 의미하는 것이 아니며, 각각의 상황에서 최적의 합리적

'아테네 학당'의 플라톤과 아리스토텔레스(그림 라파엘로 산치오)

선택을 취하는 것이다. 다시 말하면 모든 상황과 현상은 각자 자신의 눈으로 자신의 생각으로 재단할 수밖에 없기에, 더욱 중요한 것이 바로 열린 자세라는 것이다.

아리스토텔레스의 중용은 곧 덕(德)의 실천이며, 덕을 실천하는 방법으로 '중용'을 선택하고, 그것이 행복에 이르는 길이라고 주창한 것이다. 이러한 실천적 덕의 출발점은 바로 열린 자세다.

영화 '죽은 시인의 사회'에서의 존 키팅 선생님의 리더십에는 헌신과 희생이 동반된다는 것을 알 수 있다. 또 현실에 안주하지 않고 보다 진취적인 미래에 대한 출발점이었다. 사람들이 이야기하는 리더십 중에는 '카리스마(Charisma)'나 혹은 '나를 따르라(Follow me!)'는 강압적인 리더십이 있다. 그러나 아리스토텔레스의 중용은 열린 자세로 모두 '함께 가자(With together!)'는 것이다. 그렇다면 그것의 바탕은 무엇일까?

영화 '죽은 시인의 사회'에서 존 키팅 선생은 카리스마적이고 강압적이기보다 학생들의 마음을 헤아리고 그들에게 헌신하는 태도로 접근한다. 바로 함께하는 자세로 상호작용을 이루어 가는 방식이다. 이것이 바로 지금 같은 불확실성 시대에 반드시 필요한 리더와 팔로워의 관계에서 이상적인 모습이다.

리더십을 구성하는 두 축은 리더와 팔로워다. 이 두 축이 수평 관계를 설정하여 진전이 있어야 진정한 리더십의 발현이 이루어진다. 이때 나타나는 첫 표식은 소통의 원활함이다. 이러한 발현의 근원에는 '중용'의 자세가 있어야 한다.

'중용'의 자세는 결코 신중함만을 강조하는 것이 아니다. 중용은 때로는 빠름을, 때로는 여유로움을 선택할 수 있다고 한다. 그리고 그 선택에서 나타나는 영역이 바로 통찰력이다. 즉 메멘토 모리(Memento mori, '죽는다는 것을 기억하라', '죽음을 잊지 마라' 등으로 번역되는 라틴어)의 순간을 택하는 현명함이 필요하고, 이 필요에 부응하는 원천이 바로 중용(Moderation)이다. 결국 목적이 되는 대상 혹은 사물에 대한 '박학지'가 있어야 한다는 것이다.

인간의 기억 혹은 지식은 일정 수준까지 머릿속을 채워야 그것을 활용하는 방식으로 다양한 능력을 발휘할 수 있다. 열 살된 아이가 열 살 정도의 지식을 갖추고 있을 경우, 지능검사에 'IQ 100'이라는 수치로 표현한다. 다만 이 수치까지는 쌓인 지식이 지능을 결정한다고 한다.

하지만 그 이상의 수치를 지닌 지능은 해당 지식을 바탕으로 한 창의성(創意性, creativity)이라는 영역과는 큰 상관관계를 보이지 않는다고 한다. 즉 일정 수준까지는 모두 익힘을 통해 갖출수 있는 기반은 지닐 수 있고, 그 이상의 창의성은 다양한 경험과 수련이 있어야 가능한 영역이다. 결국 여러 차례 언급한 리더십의 습득은 《중용》의 박학지(博學之)의 자세를 건너뛸 수는 없다.

오징어잡이를 할 때 집어등을 설치하여 오징어가 모여들도록 유도한다. 즉 집어등과 같은 핵심에 접근할 수 있는 통찰력을 갖추어야 하며, 그 핵심을 찾아 필요한 부분을 채워 나가는 성찰이 필요하다. 이러한 과정이 바로 리더십의 습득 혹은 연단이 이루어지는 지점이다.

필자는 성찰의 출발점을 《중용(中庸)》이라고 생각한다. 중용을 통해 핵심적인 리더십의 가치를 체화하고, 다양한 콘텐츠를 통해 새로운 시각을 키워 어떤 상황이든 헤쳐 나가는 리더십을 연단할 수 있을 것이다.

결핍은 때로는 무기력을 제공하기도 하지만, 강한 추진력의 동기가 될 수 있다. 결핍 속에서 올바른 방향으로 이끌 수 있는 절제된 추진력이 무엇보다 중요한 포인트다.

영화 속에서 자살하는 학생의 심정을 극복할 수 있는 힘은 바로 올바른 성찰이며, 이에 대한 경험을 내재화할 수 있기를 희망한다.

리더십에서 창의성(creativity)은 매우 중요하고 반드시 필요한 영역이다. 이러한 창의성은 다양한 시각으로 사물 혹은 현상을 바라보는 데서 출발한다. 그래서 열린 자세가 그만큼 중요하다. 이 열린 자세라는 좋은 습관은 반드시 갖추어야 하고, 이를 넓게 알고 실행한다면, 여러분의 리더십은 연단 과정을 자연스럽게 체화할 수 있다.

어느 뇌과학자의 재미있는 실험을 소개하겠다.

그는 사람들에게 '십자가에 달리신 예수님'을 그림으로 표현해 보라고 했다. 대부분 '십자가의 예수님'을 생각하면 정면에서 십자가에 달리신 예수님을 먼저 그리고 십자가를 뒤에 그리거나, 십자가를 먼저 그리고 그 위로 예수님을 표현하는 방식으로 그린다고 한다. 그런데 살바도르 달리(Salvador Dali)의 '십자가 성 요한의 그리스도'라는 작품을 보여 준 다음 그림을 다시 그리도록 하였다.

그러자 이 그림을 본 사람들은 십자가에 달리신 예수님을 매우 다양하게 표현하였다고 한다.

십자가에 함께 달렸던 도둑의 눈으로 바라본 예수님의 모습도 있었고, 언덕 아래에서 이 광경을 목도한 군중의 시각으로 바라본 모습을 그린 경우도 있고, 화가 달리와 같이 위에서 바라본 모습을 그린 사람도 있었다. 결국 실험에서 보여 주는 바는, 살바도르 달리의 그림을 본 사람들은 그림을 보고 난 후와 그림을 보기 전과 다르게 그리기 위해 노력했고 실제로 다르게 표현했다는 사실이다.

바로 이러한 실험 결과가 증명하듯이 사람들은 다양함을 깊이 있게 추구하는 자세를 가져야 한다는 것이다. 바로 '박학지'의 자세를 체화하여 사물 혹은 현상 등을 바라보는 경험과 지혜를 쌓아야 하는 것이다.

우리가 지금 보고 있는 경험을 통해, 영화 혹은 드라마 같은 영상 콘텐츠를 통해 경영 전략에서의 리더십에 접근하는 과정 역시 앞서 언급한 실험과 같은 맥락이라고 생각한다.

결국 열린 자세는 리더십의 중요한 영역이고, 이 열린 자세의

'십자가 성 요한의 그리스도'(그림 살바도르 달리)

출발점은 '박학지'의 자세에서 출발하여야 하고, 3M의 기업문화에서 강렬하게 빛을 발한 열린 자세의 수용으로 갈무리가 될 것이다. 3M의 기업문화를 통해 우리는 과학적인 자세도 이성적인 판단도 논리적인 추론도 일상으로 품어 활용하고 체화해야 함을 알 수 있다.

따라서 원인과 결과를 알기 위해 노력하고, 그로 인한 상관관계까지 추적하는 기본 자세는 반드시 필요한 것이다. 그리고 이러한 바탕에서 단단한 리더십을 키워 나갈 수 있는 것이다.

그리하여 목표지향적인 삶이건 습관적인 삶이건 간에 스스로의 체화를 통해 한 걸음 더 내딛고, 한 걸음 더 달려가야 할 것이다.

기업은 오로지 성과지상주의에 갇혀 멀리 보지 못하고 넓게 보지 못하는 우를 범하지 않아야 한다. 그리고 '죽은 시인의 사회'에서 존 키팅 선생님이 학생들에게 알려 주고자 한 열린 자세를 잊지 말기를 바란다.

4) N차 관람을 권하는 영화 '죽은 시인의 사회'에서의 리더십 명장면

우리는 다양한 영상 콘텐츠를 통해 리더십을 배우기도 하는데, 필자가 굳이 미디어 활용 방안을 제안하는 이유는 간단하다. 우리가 매일 접하는 광고에서는 인터랙티브(interactive)가 중요한 요소다. 즉 교감은 눈에 보이는 화면 혹은 한 줄 카피에서 메시지의 확장성을 느끼게 된다. 그 확장성 속의 한 단면이 상호 교감이라는 인터랙티브의 미학이라고 볼 수 있다. 책을 읽으면서 행간 속의 의미를 찾고자 하고, 그 의미를 통해 또 다른 경험을 하는 것 역시 책과의 인터렉티브를 경험하는 것이다.

　광고감독은 이 상호 교감을 극대화하기 위해 고민을 거듭한다. 그리고 드라마나 영화감독들 역시 메시지의 확장성을 매우 중요하게 보고 있다. 감독이라는 직책은 실질적인 책임을 지고 전체를 지휘하고 관리하는 사람이다. 드라마 혹은 영화의 모든 플롯을 결정하는 것 역시 감독의 몫이다. 즉 감독이 모든 것을 구성하고, 장면장면마다 스태프들과 조화를 이끌어 내는 중요한 임무와 역할을 하는 자리다. 쉽게 말해 해당 콘텐츠를 완성해 내는 리더라고 보면 된다.

　영화감독은 프랑스말로 'réalisateur de cinéma'라고 한다. 영화를 실현시키는 사람 혹은 현실로 나타나게 하는 사람이다. 여기서 realize라는 영어단어는 '실현시키다'의 의미보다 '깨닫다'라는 뜻으로 친숙하다. 어찌 보면 현실로 실현되는 것이니 실현은 반응으로 나타나고, 그 반응에서 깨달음을 얻는 것이라고 해도 무방하다. 그래서 확장성으로 이어지는 것도 가능하다고 볼 수 있다.

　영화는 영상을 통해 전하려고 하는 메시지를 현실에 실현시켜 관객들로 하여금 그것을 깨닫게 하고, 이것을 구현해 내는 사람이 영화감독이다. 이들은 영화라는 영상을 통해 전하고 싶은 메시지를 전달하는 것이다.

그럼 영화 '죽은 시인의 사회' 속 명장면을 떠올리며 리더십을 정리해 보자.

틀에 박힌 일상 속에서 행복이라고는 거의 찾아볼 수 없는 학교에서 키팅 선생님의 수업과 동아리 활동은 학생들을 조금씩 변화시켜 나간다. 학부모들과 다른 선생님들은 여기에 강한 반발을 하지만, 키팅 선생님은 꿋꿋하게 학생들을 가르친다. 이런 장면들은 우리에게 학창 시절을 떠올리게 한다.

리더는 늘 외롭고 고독한 결단을 요구하는 자리지만, 따르는 사람들과는 열린 자세로 교감하고 소통해야 한다. 다만 리더의 위치에 있는 경우에도 실천할 수 있는 용기와 자세를 갖고 있는가는 사람마다 다르게 나타난다.

키팅 선생님의 수업 방식은 참 특이하다. 쪽지를 나눠 준 후 거기에 적힌 것을 읽게 하기도 하고, 야외에서 공을 차는 수업도 한다. 키팅 선생님은 "승산 없는 싸움에 도전하라. 겁 없는 적을 상대하기 위해!"라며 학생들에게 열린 자세로 스스로의 인생을 개척하는 자세를 권하고 있다.

이와 유사한 대사들이 영화에 많이 나온다.

"세계의 모든 항구를 구경할 선원이 되기 위하여!"

"난 인생의 노예가 아닌 지배자가 되기 위해 산다."

"지금부터 새롭고 즐거운 시와 인생을 갖기 위하여!"

이와 같은 대사에서 우리는 키팅 선생님의 열린 자세를 느낄 수 있다.

이것은 이 책에서 전하고 싶은 리더의 자세 혹은 체화하는 방법, 그리고 다양한 시각을 갖추기를 희망하는 지점과도 맥을 같이 한다.

또 다음 대사는 학생들에게 깊은 울림을 준다.

"하루를 붙잡아! 왜냐하면, 믿든지 안 믿든지 간에 여기 있는 우리 모두는 언젠가 숨쉬기를 멈추고, 차갑게 변해 죽을 거야!"

흔히 시간을 논할 때 카이로스적 시간과 크로노스적 시간을 말한다. 크로노스적 시간은 절대적인 직선적 시간으로 우리가 알고 있는 시간의 개념을 말하는 것이고, 카이로스적 시간은 특별한 의미를 갖는 시간으로 적시(適時)라는 말이 적확(的確)하게 어울린다.

이탈리아 토리노박물관에는 고대 그리스 조각가 리시포스가 조각한 카이로스의 조각상이 있다. 이 조각상은 사람의 형상과 좀 다르다. 아무것도 걸치지 않은 벌거벗은 몸에 앞머리는 무성하고 뒷머리는 민둥산처럼 휑하고 몸에는 날개가 달려 있다.

조각가가 전하고자 하는 메시지는 분명하다. 벌거벗은 것은 누구에게나 쉽게 눈에 띄기 위함이고, 앞머리가 무성한 이유는 사람들이 기회를 쉽게 잡을 수 있도록 하기 위함이다. 뒷머리가

이탈리아 북부 토리노박물관에 있는 '기회의 신 카이로스' 조각상

횅한 것은 한 번 지나간 기회를 사람들이 잡지 못하도록 하기 위함이므로, 기회다 싶으면 최선을 다해 잡아야 함을 의미한다.

카이로스적 시간에 대한 '특별한 의미'라는 시점에 대해, 물리학에서 아인슈타인의 상대성 원리를 통해 시간이라는 개념과 공간이라는 개념을 새롭게 열었다. 우리가 학창시절에 배운 뉴튼의 물리학과는 다른 새로운 물리학의 지평을 연 것이다. 불확실성이 높아진 현대 사회는 막연한 시간, 곧 크로노스적 시간

뿐 아니라 카이로스적 개념의 적확한 시간에 대한 접근도 게을리할 수 없는 것이 현실이다.

매일 매달 목표를 설정하는 것과 같은 일은 모두에게 똑같이 부여된 크로노스적 시간에서 이루어지는 것이다. 그러나 일상 속에서 인생의 획을 긋는 어떤 순간, 특별한 결심을 하게 되는 그런 의미 있는 시간들은 카이로스적 시간이라고 볼 수 있다. 다만 이 같은 다름에 대한 인식과 체감은 스스로 성찰하는 자세를 통해 본인이 가야 할 길과 나아가야 할 방향을 설정하는 데 매우 중요한 역할을 한다.

따라서 우리는 성찰 속에서 방향 설정과 목표 설정을 해야 한다. 또 조직의 리더라면 조직원 혹은 팔로워들을 이끌고 가야 할 지향점이 되는 지점에 대한 성찰이 있어야 함을 알려 준다. 이러한 지향점을 올바르게 설정하려면 《중용》의 박학지(博學之)의 자세는 필연적이다.

키팅 선생님은 《시의 이해》를 쓴 J. 에번스 프리처드 박사에 대해 말하면서 그를 '쓰레기'라고 표현한다.

"이건 엉터리야. 완전히 거짓말 투성이라고! 당장 그 책에서 그 대목을 찢어 버려, 어서 찢어 버리라고! 이건 전투요 전쟁이다. 지면 마음과 영혼이 다친다."

"이제 여러분은 생각하는 법을 다시 배우게 될 거야. 여러분은 말과 언어의 맛을 배우게 될 거야! 누가 무슨 말을 하든 말과 언어는 세상을 바꿔 놓을 수 있다. 시를 완전히 이해하려면 먼저 운율이나 음률, 그리고 수사적인 표현 같은 것들에 익숙해져야 한다."

그리고 두 가지 질문을 한다.

"첫째, 시의 대상이 얼마나 예술적으로 표현되어 있는가?"

"둘째, 그 대상이 얼마나 중요한가?"

첫 번째 질문은 시의 완성도를 측정하며, 두 번째 질문은 시의 중요도를 측정한다. 일단 이 질문에 대해서 해답을 얻었다면, 제시하는 시의 위대성을 판단하는 것은 비교적 간단한 일이 된다고 일갈한다.

그는 문학에서 '시'는 감정의 교류이고, 공감의 장을 이룰 수 있다고 알려 준다.

리더로서 훈련이 되어야 할 부분은 공감 능력이다. TPO(Time, Place, Occasion, 시간, 장소, 상황)에 맞는 말을 구사하고 분위기 조성과 공감 표시 등을 할 수 있어야 한다.

TPO에 맞는 공감의 말은 리더와 조직원 간의 커뮤니케이션에 중심이 된다. 따라서 리더를 꿈꾸는 우리는 커뮤니케이션 방법을 배워야 한다. 시간과 장소에 맞는 교감이 이루어지도록 해야 하고, 상황에 적합한 행동을 해야 한다.

이 같은 다양함은 열린 자세에서 시작되고, 그 안에서 효과적으로 공감하려면 깊고 넓은 마음과 행동이 따라야 한다. 즉

'박학지'의 넓고 깊음이 필요하다는 것을 다시 한 번 강조한다.

키팅 산생님은 다른 각도에서 사물을 바라보게 하려고 책상 위에 올라서서 학생들에게 이렇게 말한다.

"이(책상) 위에 선 이유는 사물을 다른 각도에서 보려는 거야. 이 위에서 보면 세상이 무척 다르게 보이지. 믿기지 않는다면 너희들도 한번 해 봐. 어서, 어서! 어떤 사실을 안다고 생각할 땐 그것을 다른 시각에서 봐! 틀리고 바보 같은 일일지라도 시도해 봐야 해! 책을 읽을 때 저자의 생각만 고려하지 말고 너희들의 생각도 고려해 보도록 해! 너희들의 목소리를 찾을 수 있도록 투쟁해야 해! 늦게 시작할수록 찾기가 더 힘들 것이다. 소로는 '대부분의 사람들이 절망적으로 산다'고 했어. 그렇게 물러나지 마."

역시 깊은 울림이 있는 대사이고, 그에 어울리는 장면이다.

모든 경험, 즉 사고에 의한 경험이건 행동을 통한 경험이건 대화를 통한 경험이건 간에 우리는 다양한 경험을 통해 많은 지혜를 축적한다. 따라서 경험의 효과를 극대화하기 위해서는 보다 열린 자세를 가지고 다양한 시각에서 다양한 관점을 향유할 수 있어야 한다. 화자(話者)의 입장도 되어 보고, 청자(聽者)의 입장도 되어 봐야 한다. 때로는 제3자의 입장도 되어 봐야 한다. 이러한 다양함이 리더가 가져야 할 기본 양태임을 장면에서 여과 없이 보여 준다. 양극단이 아닌 중용(中庸) 안에서 박학(博學)의 자세를 견지하고 행할 것을 일깨워 준다.

영화를 본 사람들이 많이 기억하고 있는 장면은 "오 캡틴! 마이 캡틴!" 하고 외치는 모습이다. 키팅 선생님이 일련의 과정에서 일어난 일들에 책임을 지고 학교를 떠나려 할 때, 가장 내성적이던 토드가 용기를 내어 책상 위에 올라가 그를 캡틴이라 부르며 마음을 전한다.

책상에 올라가지 않는 학생들도 보인다. 이 장면들은 스스로 자신의 길을 선택하는 힘을 길러 주는 교육을 추구해 온 키팅 선생님의 가르침을 보여 주는 것이다. 모두 똑같은 방향으로 나아갈 수는 없다. 바로 다양성이 드러나는 모습이다.

리더는 항상 소통을 중시해야 한다는 것을 우리 모두 알고 있다. 그런데 그 소통 속에서 다양한 열린 마음을 갖고 임하는 경우는 드물 수도 있다.

중용이 단순 평균적인 중간 지점을 가리키는 것은 아니라는 것도 알고 있을 것이다. 양극단도 산술적인 중간도 모두 아우를 수 있는 여유와 그 속에서 다양성을 인정하고, 열린 자세로 앞으로 나아가는 방향이 옳을 수도 있고, 뒤로 가는 방향도 옳을 수 있음을 인정해야 한다. 다만 그 옳음을 결정하는 순간에는 깊은 사고와 넓은 성찰을 통해 유연성 있는 통찰력을 발휘하여야 한다. 이 명징함을 통해 통찰력을 가지고 내린 선택에서 절제된 실행이 따라야 한다.

앞서 살펴본 3M의 기업문화와 《중용(中庸)》의 박학지(博學之)의 자세를 내재화한 리더라면, 영화 '죽은 시인의 사회'에서 보여 준 존 키팅 선생님의 가르침을 통해 스스로 리더가 되고자 노력하는 팔로워들에게 역시 큰 감흥을 줄 것이라고 본다.

한번 영화 속의 학생들처럼 자신의 보폭에 맞춰 기왕이면 맨발로 잔디 위를 걸으며 스스로 되돌아보는 시간을 가져 보라고 권하고 싶다.

콘텐츠와《중용》에서 보여 준
리더십에 대한 통섭

여러분은 신문기사 등을 통해 '핵융합'이라는 말을 들어본 적이 있을 것이다. 여기서 말하는 융합(融合, Convergence)은 "다른 종류의 것들이 녹아서 서로 하나로 합해지거나 그렇게 만듦 또는 그런 일"이라고 해석할 수 있다. 쉽게 말하면, '하나로 합친다' 혹은 '경계가 무너지면서 사실상 하나가 된다'는 포괄적 의미라고 볼 수 있다.

오늘날은 이종 제품 간, 비즈니스 모델 간, 산업 간 결합 또는 융합을 통한 새로운 블루오션의 창출 과정에서 많이 사용되고 있다. 특히 스마트폰은 카메라, MP3, DMB 등의 기능이 더해져 디지털 컨버전스의 대표적 사례라고 할 수 있다.

이와 같은 융합을 좀 더 전문용어로 사용하는 것 중에 컨실리언스(통섭)가 있다. 융합을 물리적 결합 방식으로 이해한다면,

컨실리언스는 화학적 결합을 통한 새로운 창출을 포함한다. 따라서 컨실리언스는 결합과 더불어 지향하고자 하는 방향성을 포함한 포괄적 의미로 보아도 좋을 것이다. 즉 가치적 측면을 포괄하는 단어인 것이다.

경영학에서 경영 전략은 모든 것의 시작점이자 출발점이다. 그 출발선에서 필요한 동력은 몇 가지가 있다. 첫째가 리더십이다. 이 리더십의 발현은 조직은 물론 조직문화 안에서 큰 영향력을 행사하여 개선이라는 변화를 이끄는 추진 동력이 되어야 한다. 그래서 리더를 꿈꾸는 사람이라면 이에 대한 관심도를 높여야 하고, 이러한 관심을 구체화하는 방안으로 필자가 주장하는 'N차 관람'을 권하고 싶다.

성찰의 깊이를 높이는 방법으로 주변은 물론 다른 시각과 관점으로 성찰의 실마리를 찾아가는 것도 한 가지 방안이다. 즉 콘텐츠를 통해 얻는 것도 좋고, 다양한 시각과 관점으로 열린 자세와 통찰력 훈련 등을 통해 배우고 내재화하는 것도 적극 추천한다.

우리는 여러 콘텐츠와 유사한 사례를 가진 기업을 살펴보면서 《중용》에서 제시하고 있는 리더십의 5가지 핵심 요체(박학지, 심문지, 신사지, 명변지, 독행지)를 통한 성찰이 전제되어야 함을 알았다. 즉 인문학적 통찰을 통해 실제 경영 현장에서 리더십이라는 주요한 경영 전략이 어디서 출발하여 성숙되어 가는지, 그리고 기업의 운명을 좌우할 만큼 대단히 중요한 리더십을 리더들이 어떻게 발휘해야 하는지를 배웠다.

21세기를 살고 있는 우리는 하루하루 달라지고 있는 세상을 경험하고 있다. 쉼 없이 달려가는 과학기술이 우리를 어디로 이끌어 갈지 상상조차 하지 못할 정도다. 공간과 시간을 넘어 저 멀리 우주는 물론, 가상의 공간에서도 새로운 세상을 창조해 내고 있다.

그리고 지식과 정보는 다양한 기술과 방법을 통해 우리 생활의 내밀한 곳까지 풀어내고 있다. 그 속의 대표적인 콘텐츠 중에 영화와 드라마를 활용하여 보여지는 장면 이면의 메시지는 물론이고, 다양한 장면 속 대사를 통해 얻을 수 있는 리더십을 살펴보는 것도 필요하다.

리더는 경영 활동에서 조직의 목표를 달성하기 위해 전략적 사고(Strategic Thinking)로 조직의 시너지를 융합하여 현재의 성과는 물론 미래 성과까지 이뤄 내야만 한다. 그러려면 경쟁 상대를 면밀히 관찰하면서 탄력성과 유연성 있는 리더십을 십분 발휘해야 한다.

현대 경영학의 이론과 흐름을 살펴볼 때, 불확실성을 해소하고 새로운 아이디어의 원천이 되는 지식을 쌓을 기회와 새로운 변화에 대한 수용, 그리고 경쟁력 확보를 목표로 해야 한다. 또한 현실을 직시하고 미래를 내다보는 통찰력을 충분히 지녀야 하는 당위성도 살펴보았다.

그래서 다양한 리더십을 내재화하는 방안으로 N차 관람을 성찰의 도구로 사용하는 기회를 가졌다. 이번 기회를 통해 경영 이론의 미래와 융합하여 더 꼼꼼히 살핀다면 강력한 리더십을 다져 나갈 수 있다고 본다.

리더라면 다면적이고 진취적이며 유연하고 적극적인 자세로 올곧게 상호작용을 해야 하고, 이것이 가능한 조직문화를 구축하고 개선하는 선순환 구조를 갖춰야 한다. 그래서 다양한 세상 이야기를 담고 있는 영화와 드라마 등에서 리더십이 어떻게 작용해야만 하는지를 배워 볼 것을 권한다. 그러면서 경영 전략 중의 전략인 새로운 리더십을 내재화하는 기회가 되기를 희망한다.

지금의 경영 환경은 불확실성의 연속이다. 그래서 리더의 중요성은 점점 더 커져 가고 있다. 앞에서 살펴보았지만 한 번 더 공룡 IBM을 회생시킨 루이 거스트너의 리더십을 간략하게 되짚어 보자.

그는 철저하게 이해한 다음 의사결정을 하면서 융합하고, 유연하게 변화에 적응한 후에 혁신을 일으키며 이를 결단력 있게 추진해 나가는 리더십으로 방향성을 재정립하였다.

또한 합리화를 바탕으로 추진 전략을 구축하고, 리더십을 발휘하여 기업문화의 변화를 이끌어 집중과 실행을 주력으로 하는 기업문화를 정착시켰으며, 클라이언트&서버 개념을 기반으로 네트워크를 구축하여 새로운 생태계 환경을 조성하였다. 그런

연유로 공룡 IBM을 초우량 기업이면서 초국가적인 거대기업으로 완전한 변신을 이룬 것을 볼 수 있다.

필자는 리더십의 올바른 발현이 기업의 문화를 개선해 나가는 데 중요한 요소이며, 이러한 리더십의 발현을 영화와 드라마를 통해 살펴보았다. 그리고 이 리더십을 도출해 내는 기반으로 《중용》에서 말하는 5가지 핵심 요체를 소개했다.

결국 경영 전략에서의 리더십이란 한 개의 주먹과 다섯 손가락의 관계로 요약할 수 있다. 경영 전략이라는 한 개의 주먹 안에서 리더십은 전반적인 영역 전체에 많은 영향을 미치고, 그 영향의 기저에는 올바른 통찰력이 바탕이 되어 최종적인 의사결정으로 나타난다.

그리고 다섯 손가락이라는 리더십의 각 갈래는 먼저 자기계발과 자기성찰이라는 손가락으로 나타난다. 다른 손가락 하나는 비전 혹은 목표의 설정으로 자기신념에 대한 내재화의 연단 속에서 이루어지는 리더십의 발현임을 보여 준다. 세 번째 손가락은 조직원과의 유대를 통한 상호작용 속에서 리더는 팔로워를, 팔로워는 리더를 믿고 따르는 상호 신뢰라는 리더십의 구현을 의미한다.

그리고 네 번째 손가락은 정보에 대한 공유와 소통 및 커뮤니케이션 속에서 이루어지는 바른 판단과 그 판단의 근저에 있는 통찰력의 연단을 의미한다. 마지막 다섯 번째 손가락은 다양한

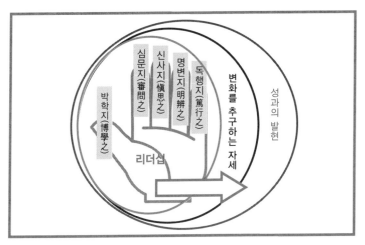

인문학에서 《중용》의 핵심 요체가 리더십으로 실증되는 파동

리더십의 전심전력을 다한 실행으로, 가치 창출을 위한 절제된 실행을 통해 눈에 보이는 경영 성과의 도출을 이끌어 내는 것으로 나타난다.

자기계발과 자기성찰이라는 손가락은 바로 믿음이 있는 자신감의 표출이다. 그리고 비전 혹은 목표의 설정으로 자기신념에 대한 내재화의 연단이라는 손가락은 가고자 하는 방향에 대한 꿈을 일컫는 것이다.

조직원과의 유대를 통한 상호 신뢰라는 손가락이 가리키는 리더십은 결국 사람과 사람의 상호작용이라는 영역을 말한다. 또한 정보에 대한 공유 및 소통과 커뮤니케이션 속에서 이루어지는 바른 판단과 그 판단의 근저에 있는 통찰력이라는 손가락은 용기 있는 결단을 말하는 것이다. 마지막으로 전심전력을 다한 실행이라는 손가락은 곧 약속의 실천이라는 영역으로 리더가 반드시 갖추어야 할 핵심 요체다.

그리고 리더로서 리더십을 발휘하는 가운데 가져야 할 덕목인 기업가 정신도 관심을 가져야 한다. 이 기업가 정신을 함축적으로 표현하면 다음과 같다.

기업가 정신을 가진 리더라면 첫째, 비전을 제시할 수 있어야 하고, 이 비전 제시는 조직이 달성할 수 있고, 또한 달성해야 하는 미래를 제시할 수 있는 능력을 말한다.

둘째, 관계 구축 및 유지가 가능해야 한다. 이는 수익성 있는 비즈니스 체계를 구축하기 위해 네트워크에서 제휴 관계를 맺는 것에서 발현된다.

셋째, 통제에 대한 실행이다. 이는 리더 자신을 포함하여 전 조직원을 비전 달성을 위해 효과적이고 효율적으로 자원을 배분할 수 있는 시스템이 있어야 한다.

넷째, 조직의 사기 진작이다. 조직을 이루는 구성원들에게 공정한 인센티브를 제공하는 정신을 의미한다.

다섯째, 정보 및 커뮤니케이션의 활성화다. 이는 내부는 물론 외부에까지 다양한 커뮤니케이션 채널을 구축하여 리더십을 발휘할 것을 내포하고 있다.

이와 같은 내용을 갖춘 리더는 이것을 기반으로 보다 자연스럽게 기업가 정신을 고취할 수 있으며, 조직 전체로 확산시켜 나갈 수 있다.

리더가 지녀야 할 이 덕목을 실제 경영 활동에서 살펴보면, 먼저 끊임없는 자기수양과 성찰 속에서 올바른 포커싱(focusing)을 통한 비전 공유와 강력한 추진력을 바탕으로 한 실행력을 구사해야 한다. 그리고 리더로서 조직원 전체 또는 각자에게 동기부여를 해야 한다.

이어서 변화를 수용하고 솔선수범하는 자세로 공평하고 시스템을 갖춘 리더로서 궁극의 목표인 경영 성과와 이를 통한 기업의 영속성 확보를 담보해야 한다.

불확실성을 예측하고 이에 대비하기 위한 경영 기법의 하나로 시나리오 시뮬레이션 방식을 택할 때, 《중용》에서 보여 준 인문학적 사고와 미래에 대한 통찰력을 훈련하면서 영화나 드라마의 'N차 관람'이라는 방안도 제안한다.

통제하고 싶은 욕구는 강한데 현재 상황을 통제할 수 있는 환경이나 자세가 안 된다면 불안의 정도가 더 커질 것이다. 그 해결책의 하나로 필자는 삶의 태도를 올바르게 정립할 것을 권한다. 그리고 과학적 사고력과 폭넓은 지식을 얻을 수 있는 독서와 반드시 메모하는 습관을 잊지 말기를 바란다. 또한 감정적인 판단이 아닌 이성적인 판단을 할 수 있도록 인문학에 대한 소양을 더욱 강화할 필요가 있다.

그리고 인문학을 통해 신사지(愼思之)하는 태도와 논리적 추론을 통한 통찰력을 배우고 다양한 경험과 학습으로 사고를 확장하고 심화하는 심문지(審問之)의 자세를 확보할 것을 권한다. 또한 명변지(明辨之)를 통한 올바른 판단 아래 절제된 실행을 할 수 있는 독행지(篤行之)의 자세를 함께 구축하고 이를 내재화하여 스스로를 연단한다면 더할 나위 없을 것이다.

　《코스모스(Cosmos)》라는 책을 펴낸 천문물리학자인 칼 세이건 (Carl Edward Sagan)이 1987년 한 강연에서 '회의주의자가 짊어진 부담'이라는 주제로 강의한 적이 있는데, 필자가 주장한 '중용'의 절대적인 중요함과 비슷한 내용이어서 소개한다.

　"상충하는 두 가지 욕구 사이에 절묘한 균형이 필요하다고 생각합니다. 다시 말해, 우리 앞에 놓인 모든 가설들을 지극히 회의적으로 면밀히 검토하는 것과 동시에 새로운 생각에도 크게 마음을 열어야 한다고 생각합니다.

　여러분이 뭐든지 의심하기만 한다면 어떤 새로운 생각도 보듬지 못할 것입니다. 새로운 것은 아무것도 배우지 못한 채, 비상식이 세상을 지배하고 있다고 확신하는 괴팍한 노인이 될 것입니다. 다른 한편으로 귀가 가볍다 싶을 정도로 지나치게 마음을 열면, 그래서 회의적인 감각을 터럭만큼도 갖추지 못한다면 여러분은 가치 있는 생각과 가치 없는 생각을 구분하지 못하게 됩니다. 모든 생각이 똑같이 타당하다면 여러분은 길을 잃고 말 것입니다. 결국 어떤 생각도 타당성을 갖지 못할 것이겠기에 말입니다."

　필자는 감히 제언한다. 누구라도 리더가 될 수 있다고.
　조금 더 관심을 갖고 노력하면 리더십의 핵심 요체들을 내재화할 수 있다. 그리고 'N차 관람'도 좋은 방법이 될 수 있음을 소개했다.
　그래서 여러분과 함께 풀어갈 목표를 헤아려 보고자 한다.
　첫째, 현실에 맞는 목표를 명확하게 세우자.
　둘째, 조금 덜 중요하게 생각되는 부분은 과감하게 제거하자. 다만 필요한 부분에 정확하게 포커싱을 하자.
　셋째, 불확실성이 존재하지만 반드시 오고야 마는 미래에 대해 체계화하고 내재화하는 데 힘쓰자. 다만 잊지 말아야 할 것은, 완벽은 있을 수 없다는 것을 알고 보다 적극적인 자세로 절제된 실행 습관이 쌓이도록 노력하자.

참고문헌

김도형, 2021, 아리스토텔레스 중용 개념의 '상태우선적 정황'에 관하여 : '설명적 우
　　선성' 논쟁을 중심으로', 철학연구

임헌규, 2014, 朱子의《中庸》해석에 관한 고찰, 동양고전연구

윤화중, 2015,《중용(中庸)》의 비이은(費而隱)에 관한 현대적 해석, 유교사상연구

임헌규, 2013, 형이상학과 중용, 동양고전연구

Peter L. Berger & Thomas Luckmann, 1966, The Social Construction Of
　　Reality : A Treatise In The Sociology Of Knowledge, 3-18

Deal & Kennedy, 1982, "Corporate Cultures"

권혁기, 2012, 변혁적 리더십과 거래적 리더십이 조직 성과에 미치는 영향 : 자기 효능
　　감과 직무만족의 매개효과를 중심으로, 대한경영정보학회, 경영과 정보연구,
　　제31권 2호

김용재·김용완, 2008, 리더십이 자기 효능감을 통해 조직몰입과 조직시민행동에 미
　　치는 영향, 인적자원개발연구, 제11권 제2호. pp.1-23.

김영진·강영순, 2001, 변혁적 리더십과 자긍심 그리고 직무성과 간 구조모델 검증,
　　산경논집, 제15권 제11호, pp.7-26.

박삼식·심정숙, 2005, 중소기업의 조직 특성이 경영 성과에 미치는 영향에 관한 연
　　구, 경영정보연구, 제17권, pp.359-377.

홍용기, 2010, 남성 리더십과 여성 리더십 스타일과 리더십 효율성에 관한 연구, 경
　　영정보연구, 제29권 제4호, pp.187-205.

구정대, 2003, 관광호텔경영관리자의 리더십 유형에 따른 집단응집력, 자긍심, 조직
　　몰입이 직무성과에 미치는 영향, 경북대학교대학원, 박사학위논문.

Bass, B. M., 1985, Leadership and performance beyond expectations, New
　　York, FreePress, p.493.

Bass, B. M., 1990, Bass & Stogdill's Handbook of Leadership : Theory research &managerial applications. NY : The Free Press.

Burns, J. M., 1978, Leadership, N.Y. : Harper &Row.

차윤석, 2012, 조직문화와 성과 간의 관계에 대한 고찰, 숙명여자대학교, 글로벌인 적자원개발센터/Journal of the Korea Academia-Industrial cooperation Society/Vol. 13, No.5, pp.2054-2062

Kang, Y. S., 1999, Research on the Mediators Effect of the Human Resource Management Types between the Corporate Culture and the Job Satisfaction, Organizational Oneness. Personnel Management, 23, (2), 243-265.

Hahn, J. Hwang, W. & Park, S., 1997, The Impact of the Characteristics of Organizational Culture on the Bases for Organizational Commitment. Korean Journal of Management, 5, (2), 95-134.

Cameron, K. S., & Quinn, R. E. , 1999, Diagnosing and changing organizational culture.. San Francisco, CA : Jossey-Bass.

Cyert, R. M., & March, J. G., 1963, A behavioral theory of the firm. New York : Prentice Hall.

한진환, 리더십이 신뢰와 경영 성과에 미치는 영향에 관한 연구(The Study on the Impact of the Leadership on the Trust and Company's Performance), 밀양대학교 회계정보학과

Ashforth, B., 1985, Climate formation : Issues and extensions. Academy of Management Review, 10, 837-847.

Quinn, R. E., & McGrath, M. R., 1985, The transformation of organizational cultures : A competing values perspective. In P. J. Frost et al. (Eds.), Organizational Culture : 315-334. Beverly Hills : Sage.

Wilkins, A., & Ouchi, W., 1983, Efficient cultures : Exploring the relationship between culture and organizational performance. Administrative Science Quarterly, 28, 468-481.

Sathe, V., 1983, Implications of corporate culture : A manager's guide to action. Organizational Dynamics, 12, (2), 5-23.

Smircich, L., 1983, Concepts of culture and organizational analysis. Administrative Science Quarterly, 28, 339-358.

Bass, 1990, Leadership epistemology, p.11

Peter G. Northouse, 2013, Leadership Theory and Practice,

Christopher F. Achua, 2013, HUMAN RESOURCES MANAGEMENT-DEVELOPING LEADERSHIP SKILLS

Gray Yukl, 2013, Leadership in Organizations

Warren Bennis & Burt Nanus, 2006, Leaders-The Strategies for Taking Charge

이상돈, 2010, 주희의 사서학 체계에서 확충의 의미(朱熹四書學體系的擴充說), 태동고전연구, vol.26, 통권 26호, 한림대학교 태동고전연구소

Ciulla, 1998, ethical leadership] by scholars, p.3

송병수, 2018년 "세종의 인재경영 리더십에서 '세종시대의 3단계 인사 검증 시스템', 원자력산업

김종두, 2001, 부대정신을 바탕으로 한 정신전력과 리더십, 충용 19호, 육군3사관학교

Goleman, Daniel P, 2008, 감성리더십(Primal Leadership)-Learning to Lead with Emotional Intelligence, Harvard Business School Press

Chemers, M. M., 2002, Meta-cognitive, social, and emotional intelligence of transformational leadership : Efficacy and Effectiveness.

In R. E. Riggio, S. E. Murphy, F. J. Pirozzolo (Eds.), 2006, Multiple Intelligences and Leadership.

Isajiw, Wsevolod W.; Kendall, Diana; Murray, Jane Lothian; Linden, Rick, 2006년 4월 1일, "Sociology in Our Times"

Moore, B. V., 1927

Axelrod, 2006, 'The Evolution of Cooperation", 120

Bass, 1990, Summarized in Bass, 17

Jago, 182, Leadership : Perspectives in Theory and Research

Quoted in Axelrod, 2006, Conceptions of Leadership, 120, Heather Lyne de
Ver 2006-03

Authors : Gillian Peele, 2005, Leadership and Politics : A Case for a Closer
Relationship?, Leadership, University of Oxford

Iles & Preece, 2006, Developing Leaders or Developing Leadership? The
Academy of Chief Executives' Programmes in the North East of
England, Leadership, p.319

강상규, 2016, 공감능력이라는 관점에서 바라본 세종의 정치적 리더십 : 한국정치에
서 세종 리더십의 함의, 한국동양정치사상사연구

Bass, 1990, Leadership epistemology, p.11

Edgar H. Schein, 1992, Organizational Culture and Leadership, p.2

Wilfred H. Drath, Charles J. Palus, 1994, Making Common Sense :
Leadership as Meaning-Making in a Community of Practice

House et al., 1999, Sustainable Leadership for Technical and Vocational
Education and Training in Developing Nations, p. 184

Reddin, W.J., 1970, LEDERSHIP STYLES AND CHARACTERISTICS OF
HPER CHAIRPERSONS AT SELECTED FOUR-YEAR Management
Effectiveness, McGraw-Hill p.230

Adair, 1973, Action Centered Leadership

Bill George, 2004, Paperback

Bill George, 2004, Authentic Leadership : Rediscovering the Secrets to
Creating Lasting Value, Paperback

Barsh, Mogelof and Webb, 2010, McKinsey

Jim Harter (Foreword), Marcus Buckingham, et al, First, Break All the Rules :
What the world's Greatest Managers Do Differently

Charles A. O'Reilly and Jeffrey Pfeffer, Hidden Value : How Great Companies
Achieve Extraordinary Results with Ordinary People

윌리엄 휘웰, 1840, 귀납적 과학

니콜로 마키아벨리, 1532, 군주론

장세진, 경영전략 11판, 박영사, pp32~33

백기복·신제구·김정훈, 2019 4판, 리더십의 이해

한국기업교육학회, 2010, HRD 용어사전, 중앙경제

데이비드 니들, 2004, Business in Context, Cengage Learning Business Press

톰 피터스·로버트 워터만, 2005, 초우량 기업의 조건, 더난출판사

최일붕, 2016, 자본주의 이전 사회 발전의 몇 가지 문제들, 마르크스21 15호

백기복, 2017, 간편조직행동, 창민사

이학종·김영조, 2014, 조직행동의 이해와 관리

아리스토텔레스, 2016, '프로네시스', 워커스 15호

아리스토텔레스, 강상진·김재홍·이창우 옮김, 2017, 니코마코스 윤리학, 도서출판 길

데이비드 코돈, 제정관 옮김, 리더십의 철학, 철학과현실사

손덕호, 2017, CEO 성공學 "시대·상황에 따라 리더십 변화… 타고난 리더 없어", 매거진
    '이코노미 조선', 213호

정기선, 2002, 중간관리자의 리더십 유형별 행동 특성과 신뢰와의 관계, p.20

송영수, 2018, 변화의 시대가 요구하는 리더십, 원자력산업 1월호

조성환, 현대디자인의 시각에서 스티브 잡스의 '인문정신'에 대한 고찰, 디지털디자인
    학연구 제11권 제2호(통권 제30호)

The New Oxford Dictionary of English/defines leadership

모겐 위첼, 김은령 옮김, 경영과역사, p.259

Wilcken, Ulrich; Borza, Eugene N., 1967,. Alexander the Great

로버트 슬레터, 이진주 옮김, 1994, 잭 웰치의 31가지 리더십 비밀, 명진출판사

신근호, 2020, 100년 기업, 세계의 삼성을 만든 이건희 회장의 리더십, 베타뉴스

이기홍, 인간포석 人事의 세계-삼성그룹 회장 이건희, www.donga.com,

이건희, 1997, 생각 좀 하며 세상을 보자, 동아일보사

동아일보, 2003-06-27, 인간포석 人事의 세계-삼성그룹 회장 이건희〈4〉

월터 아이작슨, 안진환 옮김, 스티브 잡스 공식 자서전, 민음사

Gary Yukl, 현대조직의 리더십 이론(8판), 시그마프레스

Achua & Lussier, 2013, Effective Leadership

University of Minnesota Extension

The Theory and the Practice, Sergio Caredda

양세진, 리더십의 4가지 모델, SIG보고서

Dr. Hesham Mohamed, 'Leadership Model

김순영, 2000, 허쉬와 블랜차드의 상황적 리더십 이론 : 분석 수준을 중심으로

김훈, 위험관리연구소(Risk-Lab), 허쉬와 블랜차드의 상황적 리더십

맥킨지 컴퍼니, 2008, Centered Leadership by McKinsey

도널드 T. 필립스, 김광수 옮김, 마틴 루터 킹의 리더십, 시아출판사

Barbara Paganol Elizabeth Pagano, The Transparency Edge

Donald t. Philips, Lincoln on Leadership

Phil Harkins, Powerful Conversations

David H. Maister, Practice What You Preach

Tom DeMarco, Slack : Getting Past Burnout, Busywork, and the Myth of
　　　Total Efficiency

Dave Ulrich, Mark A. Huselid, et al, The HR Scorecard : Linking People,
　　　Strategy, and Performance

피터 드러커, 2014, 변화 리더의 조건, 청림출판

서성교, 2003, 하버드 리더십 노트, 원앤북스

허문명, 2022, 이건희 반도체 전쟁, 동아일보사

영화와
    드라마에서
    배우는
중용의 리더십